适合中国家长的教育心理学经典读本

孩子的成长

父母的

的成长

挑战

顾红英 \ 编著

汕頭大學出版社

图书在版编目（CIP）数据

孩子的成长，父母的挑战 / 顾红英编著 . -- 汕头：
汕头大学出版社, 2021.7
ISBN 978-7-5658-4366-2

Ⅰ.①孩… Ⅱ.①顾… Ⅲ.①家庭教育 Ⅳ.① G78

中国版本图书馆 CIP 数据核字 (2021) 第 127233 号

孩子的成长，父母的挑战　　HAIZI DE CHENGZHANG ,FUMU DE TIAOZHAN

编　　著：顾红英
责任编辑：汪艳蕾
封面设计：天下书装
出版发行：汕头大学出版社
　　　　　广东省汕头大学路 243 号汕头大学校园内　　邮政编码：515063
电　　话：0754-82904613
印　　刷：廊坊市博睿印刷有限公司
开　　本：710mm×1000mm　1/16
印　　张：12.5
字　　数：165 千字
版　　次：2021 年 7 月第 1 版
印　　次：2021 年 7 月第 1 次印刷
定　　价：42.80 元
ISBN 978-7-5658-4366-2

很多人误以为只要生了孩子，就会自然升级成为父母，其实这样的想法大错特错。生了孩子，我们只能升级成为生物学意义上的父母，距离成为真正合格的父母还相差甚远呢！有些父母并不满足于当合格的父母，还奢望自己能够做得更好，那就更是路漫漫其修远兮。当好父母，从来不像我们想象的那么容易，当然也不像我们想象的那样难于上青天。何不将其看作是一种挑战呢？带着一些心动，带着一些不甘，带着决心和勇气，我们出发啦！

新生命呱呱坠地的时候是那么孱弱，很多新手父母甚至不敢抱起孩子，也不会抱起孩子。如果有钱请得起月嫂或者家里有老人帮忙还好，如果既没有钱请月嫂，也没有老人在身边，那么只能横下一条心小心翼翼地抱起孩子。新生儿除了哭再也没有别的语言，新手父母的当务之急就是读懂孩子的哭泣，明辨孩子的需求。

原本，新手父母以为这是最难熬的阶段，却万万没想到更多的考验还在后面呢！看着孩子一天天成长起来，能够自己吃饭了，能够独立如厕了，也能和父母交流了，父母心生喜悦。然而，孩子很快就会进入幼儿叛逆期、成长叛逆期和青春叛逆期，随着不同的叛逆期接踵而至，父母这才发现抚养孩子长大绝非满足孩子吃喝拉撒的生理需求那么简单。随着不断长大，孩子的心思越来越细腻，情绪的波动也越来越大。他们在成长的过程中会经历各种烦恼，产生各种困惑。每当这时，父母都要陪伴在孩子的身边。

有些父母也许会感到很为难：我的确每时每刻都陪伴在孩子的身边，为何没有得到孩子的欢迎，反而被孩子排斥和抗拒呢？这是因为成长中的孩子是一个矛盾的集合体，一方面他们需要依赖父母的照顾才能健康茁壮地成长，另一方面随着不断长大，他们也需要属于自己的独立空间。有些父母跟不上孩子成长的脚步，总是把孩子看得很小，没有意识到孩子的成长，没有与时俱进地对孩子放手，也就不能很好地把握亲子相处的界限，导致亲子关系出现各种问题。如果说在孩子小时候，父母是孩子的守护神，那么随着孩子成长，父母应该成为孩子的引领者和同行者，必要的时候还要充当孩子的知心好友，理解孩子的各种烦恼与苦衷。

人们常说，为母则刚，其实不管是作为父亲还是母亲，都要成为孩子的百变金刚。高兴时，能够陪着孩子一起疯玩；伤心时，能够尊重孩子的感受；孤独时，给予孩子独处的时光；失意时，坚定不移地鼓励孩子、支持孩子。这无数琐碎的要求对于父母而言都是挑战，父母唯有怀着决心和勇气直面这些挑战，才能和孩子一起成长，共同进步！

在教养孩子的过程中，很多父母不知不觉间进入了误区，认为自己既然生养了孩子，就有权利对孩子的人生指手画脚，就有资格代替孩子做出各种决定。父母这样的想法只会导致亲子关系越来越疏远，亲子相处剑拔弩张。父母必须深刻认识到一个道理，即孩子虽然因着父母来到这个世界上，但他们既不是父母的私有物，也不是父母的附属品，而是独立的生命个体。父母只有发自内心地尊重孩子，把孩子视为与自己平等的存在，也积极地了解孩子真实的想法，满足孩子真正的需求，才能建立良好的亲子关系，成为最关心、最了解孩子的人，陪伴孩子成长。

　　《孩子的成长，父母的挑战》给了每一位为人父母者以思想的启迪和生活的启示，让原本懵懂和迷惘的父母们，如同拨开迷雾一般瞬间看到了璀璨的阳光，看到了渴盼的期望。通过阅读本书，相信父母会有所成长，有所进步，也能够真正了解孩子成长的本质，成为孩子最好的同行者。从现在开始，就让我们勇敢坚定地与孩子同行吧，我们将会见证孩子的成长，也将会见证自己的成长！

上海电视台主持人　李苏宁

2021 年 5 月于上海

前　言

　　一个人一生中要经历三种教育——家庭教育、学校教育、社会教育。而家庭教育是孩子接触最早、也是最重要的。因为这是在他们人生完全是一张白纸的状况下接受的教育，可以说家庭教育是一切教育的基础。孩子能否健康成长，家庭教育好坏是最重要的。它直接或间接地影响着孩子的一生。因此，任何父母都应该重视对孩子的家庭教育，与孩子一起面对他们在成长中所遇到的烦恼，帮助孩子度过成长中所遭遇的各种艰难和困境，让孩子的成长方向不偏航。

　　但是现实和理想往往是相反的。很多父母常常会找各种借口推脱自己在教育中的职责。例如："单位工作太忙，顾不上！""我如果能教育，还付钱给学校干吗？"……父母总是把教育推给学校和社会，而忘记了他们才是孩子真正的"基础教育者"，才是能引领孩子健康成长的关键人物。他们总觉得教育孩子不是自己所擅长，这对他们说一个很艰难的挑战。而面对这个挑战时，大多数身为父母的人选择了逃避，而不是迎接。

　　当然，并非所有父母在教育孩子时都选择逃避，还有很多父母非常重视家庭教育。他们希望陪伴孩子一起成长。但他们在教育孩子时，却普遍急功近利，望子成龙、望女成凤的心态让他们的家庭教育偏离了正确的航道。很多父母在教育孩子时总喜欢把自己未实现的愿望强加在孩子身上，希望他们能实现自己未完成的梦想，这样的心态不仅不切实际，还会因此给孩子带来额外的压力和痛苦。

家庭教育是一门技术，更是一门艺术，没有谁是天生的高手。因此，需要父母教育孩子的过程中，能够与孩子做到相互尊重、一起探索，陪伴着孩子共同成长。

家是孩子成长的港湾，父母是孩子成长过程中的领路人。在陪伴孩子健康成长的过程中，父母不仅要时刻关注孩子的身心健康，更要重视其他方面能力的培养；不仅要教育孩子提高学习成绩，更要教导孩子学会如何做人。而在孩子成长的道理上，还需要时刻关注孩子每个阶段的情绪状况，帮助孩子解答成长中的各种困惑、引领他们迈过成长过程中的各个坎坷……这并非是一个短期的任务，而是需要父母持之以恒的坚持。

针对父母不知如何陪伴孩子成长，如何能够成为家庭教育中的高手，本书通过十个章节，详细讲解了孩子在成长过程中会遇到怎样的困惑和难题。当这些困惑和难题产生时，父母应该如何应对，如何帮助孩子，使其能健康茁壮地成长。相信本书会成为每一位父母教育孩子最好的参考书籍，也希望本书中的各种方法能够对各位父母在教育孩子中起到作用。最后，希望每一位父母都能陪伴孩子成长，与孩子一起，陪伴他们度过健康快乐的童年，在他们的成长道路中成为最可靠的伙伴。

目 录

第六章　欲望是个无底洞，掐死苗头方可健康成长

第七章　抓住敏感期，让孩子更好的成长

第八章　理性沟通，解决孩子成长中学习的烦恼

第一章

父母与孩子的矛盾，
源自你不了解孩子的内心

照本宣科式的教育，无法走入孩子的内心

菲菲的爸爸最近在研究关于儿童教育的书，他从书上得知，孩子的情商培养和智商教育同样重要，拥有高情商的孩子甚至要比仅仅拥有高智商的孩子更加具有竞争力。因此，他从书店买回来了一套名为《孩子情商培养大全》的书籍，准备好好研究研究，然后在菲菲身上试验一下，好将她培养成一个高情商的"成功孩子"。

"哎，菲菲，你愁眉苦脸地干啥呢？你看啊，这样可不好。书上说了，高情商的孩子乐观是第一的，因为乐观呢……"

刚准备把自己苦心研究的书籍拿出来炫耀一番，也是进行一次教育演练时，菲菲就没好气地打断了他："哎呀，爸爸，我这会儿烦着呢，怎么可能笑得出来！"

"心情不好？心情不好那就更要注意了。你看啊，书上说了，高情商的标准之一就是学会控制和调节自己的情绪，也就是'不以物喜，不以己悲'。既然你这会儿心情不好，那就正好来练习一下这样控制情绪的方法。来，我跟你说啊，首先你可以用深呼吸的方法……"爸爸听说菲菲心情不好，想着正好可以来试一试刚看的那本《情商培养大全》里的"情绪控制法"。

"爸爸，我下个月的考试很快就要到了，我这几天正紧张着呢，你还是别拿你那个什么'情商培养'来烦我了啊。我心里没毛病。"菲菲跟爸爸说完，正准备转身进房间复习，爸爸却拉住了她。

"哎呀，考试啊，别烦了，越烦恼越影响学习和发挥。哎，对了，我想起书里有专门关于考试减压的方法，你可以试试。书上说啊……"

"哎呀，爸爸，你看看，你简直跟整天唠叨'子曾经曰过'的吕秀才一样了。书啊，还是你自己留着研究吧。"菲菲苦着脸走开了。

"我照着书上说的教育你，我还有问题了？"爸爸疑惑地自言自语。

上述案例中的爸爸为了培养孩子，特意买了相关书籍认真研究，想在孩子身上试验一番，并希望能对提高孩子的情商有所帮助。可是，爸爸的好心似乎并不为孩子所接受，爸爸的方式也没有取得效果，反而被孩子取笑是整天唠叨"子曾经曰过"的"吕秀才"。其实，孩子的取笑并不是没有道理。从教育的方式来说，爸爸未免有点太过死板，对书籍过分依赖。从教育结果来说，孩子没有接受，这种教育方式自然也没有什么成效。

其实，家长照本宣科的方式是不适合教育孩子的。首先，从教育自身特点来看，教育是希望孩子能解决问题。因此，它涉及范围广，特别针对性不强，而那些照本宣科似的"规律"显然是无法适应这种灵活的问题的。其次，这种死板的方式没有新鲜感，对孩子来说也没有吸引力，要想孩子接受自然是更加困难。最后，书是死的，而生活中面临的问题却不是那么固定和死板，要想以书籍内容的"不变"来应对生活的"万变"，显然是办不到的。因此，家长对孩子的教育应该采用灵活多样的方式和手段，这样才能更好地达到教育的目的，提高孩子的能力，帮助孩子更好地成长。这里有几点建议供各位家长参考，希望能对家长们有所帮助。

1. 家长不要过分依赖和信任书籍

书籍是对优秀思想的集合表达，因此具有很高的借鉴意义和学习价值。家长在教育孩子的过程中，参考一些相关书籍是很有帮助且很有必要的，但是这并不意味着对孩子的教育完全依赖于书籍。尽信书不如无书，家长如果过分依赖书籍，则会陷入书籍的教条里，这就变成了"死读书"。而教育孩子不是应试教育的考核方式——答卷，孩子就是一道没有固定题目和问题的试题，仅仅依靠那些教条或规律是解决不了问题的。

2. 家长要学会"举一反三"

书中的教育方式的确有许多是很有用的，家长在教育孩子时可以试一试或作为参考。但是，这些方式并不是唯一的途径，所以家长在教育孩子时不要原封不动地生搬硬套，而是弄清楚这些方法背后的目的以及核心，真正了解其用意，然后以这些方法为起点，达到举一反三的要求，做到融会贯通，让这些"教条"发挥更大的效用。知识也是来源于生活中的经验，家长在阅读书籍时要注意结合生活实际，从实际出发，并在实际中运用和实践；将书籍中的知识变成实际教育中的力量，并在实践中不断总结。通过理论和练习的双重锻炼，家长也可以将自己打造成为"教育达人"了。

3. 教育方法要灵活多变

再神奇的方法，如果一成不变地天天使用，过不了多久，孩子便会觉得没有新意。正如神奇的良药，如果使用次数过多病毒也会产生抗体一样，孩子也会对这种方式无动于衷，最后家长的教育计划也只能以失败告终。孩子的天性是好奇的，家长的教育方式也是要灵活多变的，让孩子保新鲜感，又能增加趣味性，将书中的枯燥教条理论变成可观可听可感的生动实践，孩子自然会被吸引，并且乐于尝试。再好的教育方法如果不被孩子接受，那也是无用。因此，家长还要根据孩子的喜好和特点来选择适合孩子的教育方式，或者将教条理论进行改造，使之与孩子的实际情况达成一致，这样才能让它真正发挥作用。比如培养孩子与人合作的能力，除了家长自己陪孩子进行游戏合作外，还可以让孩子多与同龄人进行合作，或者经常和不同的人进行合作尝试，培养孩子与人相处的能力。总之，家长的教育方式要灵活多样，对孩子有吸引力，这样才能帮助孩子顺利成长。

因材施教，孩子若是内向就别逼他外向

安安是个从小听话可爱的孩子，但是妈妈希望他能够活泼一点，总是觉得孩子不够勇敢。"你看看你，一个男孩子，成天躲在家里，说个话都吞吞吐吐，这样怎么行！"每当妈妈看着安安小心翼翼地说话，总是忍不住这样说他。

星期天，爸爸妈妈带安安去儿童公园。在售票口，妈妈对安安说："安安，今天自己去买票好不好？今天人也不多，妈妈在这里等你。"

不说话，他把目光转向一旁的爸爸。"对啊，安安你也都这么大了，自己可以试一试买票啊。来，爸爸给你钱，记得找的钱要拿好啊。"看到爸爸不仅没有"救"自己，反而帮着妈妈，安安顿时犯了难。

"我，我……"安安说话都变得结结巴巴了。

"你'我'什么啊，这么大了，这点事都不敢吗？"妈妈就知道安安胆小不敢，看着他踟蹰的样子，顿时来了气，声音都比平时大了好多。

"不要那么大声好不好？你看你把他都吓着了。"爸爸一看情势不好，连忙为安安说起了好话。

"你看看他，胆子这么小，跟人说句话都好像多为难。这么大的孩子了，谁还跟他一样啊，这样以后该多没出息！"妈妈越想越来气，"你真是越来越像个小姑娘了。你说这样下去，长大怎么办？"妈妈越说越来气，又开始说安安像女孩了。

安安听见妈妈这么说，眼泪不由自主地在眼眶里打转转。其实，他自己不是不想让妈妈开心，只是他不太喜欢活泼，更喜欢安静一点儿，但是妈妈却觉得这样像女孩。安安以前从来没有自己做过什么，现在妈妈却逼着他独自买票，他难免会有点害怕。

"今天你要是不自己去，那我们就不要去玩了！"妈妈强硬地说。她是铁了心想让安安变得坚强、独立一些了。

看着妈妈凶巴巴的样子，安安只能在一旁手足无措地哭着。

家长在培养孩子时，如果不能根据孩子的自身情况来设计教育方案，而是根据自己的要求和方式来强迫孩子，那么结果只能是适得其反，孩子会因为家长不恰当的教育方式而产生抵触或畏惧的情绪。这样更加不利于孩子接受家长的意见，对孩子的培养是没有益处的。了解孩子的个性特点，不仅有利于家长因材施教，而且能够帮助家长发现孩子的"短板"，寻找孩子的缺点，对症下药，这样才能切实提高孩子，帮助孩子健康成长。

上述案例中的安安是一个内向安静的男孩，而妈妈却希望他能够像别的孩子一样活泼开朗，能够自己学会做很多事，成为一个能独当一面的小男子汉。但是从孩子的表现看，他显然对妈妈的这一要求有点无所适从。妈妈在对孩子提出要求时忽略了孩子的性格特点，让孩子用他不喜欢或不适合的方式来处理事情。这种方式其实是不正确的。因材施教的道理人人都懂，但是要实施起来却不是那么容易。这里有几点建议供各位家长参考，希望能对家长有所帮助。

1. 家长要对孩子的性格特点充分了解

每一位家长可能都觉得自己对孩子是最了解的。但即使如此，家长和孩子在处事方式上却还是会有分歧，随着年龄的增长，这种分歧还有可能会升级成为矛盾。家长与孩子朝夕相处，要想了解孩子的性格特点可以通过很多方式，比如观察法。对于年纪比较小的孩子，可以通过观察他们生活中的细节，分析孩子属于外向性格还是内向性格，了解孩子的喜好、处事风格等。随着孩子的成长，性格也会发生或多或少的改变。因此，家长也要及时调整教育方式，随时保持对孩子的观察，以便帮助孩子更好地成长。了解孩子的喜好特点，是促进家长和孩子更好交流的桥梁。比如有的孩子不喜欢别人以"命令式"的语气来说话，那么家长可以在表达意见时在态度上稍作改变。这并不是家长一定要迁就或纵容孩子，而是一种尊重，也是为进一步的沟通打下良好的基础。孩子对自己情绪的控制能力弱，如果从一开始就让孩子对家长产生抵触情绪，那家长的建议和教育对孩子而言也是无用的。

2. 根据孩子的个性特点设计教育方式

每个孩子的个性特点都是不同的，只有对孩子的个性特点了解后才能够发现孩子的缺点。比如有的孩子性格直率，做事雷厉风行，往往比较开朗，但偶尔会显得有些鲁莽。在和别人交往时，有时候会在不知不觉中伤害到别人。对这样的孩子，家长要教他说话做事学会三思而后行。而有的孩子天生胆小，比如开篇案例中的安安，做事畏首畏尾，不敢独自行事。对这样的孩子，家长要以鼓励为主，责骂只会加重孩子的畏惧情绪，更让孩子对自己没有信心。人无完人，没有人的个性是十全十美的，家长要正视孩子的性格特点，为孩子量身定制教育方式，取长补短，让孩子拥有高情商。

3. 家长不要把孩子打造成自己的翻版

家长总有"望子成龙、望女成凤"的心情，总希望孩子能够按照自己的愿望发展，甚至将孩子视作另一个自己，希望孩子能够完成自己的梦想。孩子是家长生命的延续，但也是独立的个体。每个孩子都有自己的自由，家长在教育孩子时要学会尊重孩子的个性发展，不要一味地希望孩子能够变成自己希望的样子。比如有的孩子天性比较文静沉着，属于内向的人，活泼好动和善于交际对他来说可能比较困难。那么，家长可以不用强求，只要孩子懂礼貌、没有心理问题即可，不需要强求孩子一定要左右逢源甚至八面玲珑。任何性格都有优点和缺点，家长要教孩子发挥自己的特长，而不是对孩子进改造。家长要对孩子的个性充分尊重，不能左右孩子的个性发展，不要让孩子成为家长自己的翻版。家长要找到适合孩子发展的道路，教孩子完善自身性格特点。

父母总想要孩子"听话"，却不知他们为何"淘气"

一次家长会上，老师提了一个问题："认为自己孩子不听话的，请举手。"

大多数家长举起来手。其中有几位家长好像认为这是多么让人尴尬的事情，他们都低着头。

"为你们有个不听话的孩子感到高兴！"老师大声地说道。

听到这话，那些举手的家长一脸困惑的表情。

"听话就是按父母的话去做。"老师接着说。

在场的家长都点了点头。

老师又问："如果做人最成功是 100 分的话，你们给自己评多少分？"

大部分家长认为在 70 ~ 80 分。

老师又问："想不想让你们的孩子有个更精彩的人生？"

家长们齐刷刷地说道："那必须想啊！"

老师说："听家长话的孩子就是再复制别人的人生，

好孩子的标准？
听话的孩子，淘气的孩子。

谈不上超越。他们这样最多只有70分的表现，还谈不上染指冠军。"

听完这话，家长们都低下了头。

道理就是这么简单！

淘气只能说明孩子拥有好动和求知欲望强烈的性格。但在大多数家长看来，这样的孩子让人十分头痛。殊不知，孩子过于听话就会丧失自己的独立思考能力，家长也因此忽略了培养孩子其他潜能的想法。

现实生活中，大多数父母都喜欢"听话"的孩子，他们认为这样的孩子将来一定能有所作为。但实际上听话的孩子独立性差，创新能力要远远低于其他同龄人。

要是以"听不听话"为标准来衡量孩子的话，这是典型的"过时落伍"的教育思想在作祟。一个人缺乏独立和创新意识，是无法在这个社会上立足的，大有作为更是难上加难。特别是我国在改革开放后，拓宽了人们的视野和思维，所以，就更要求人们具备开拓进取的精神。新的社会制度，人们就要跟着发生改变，改变从前的观念，如果遇事毫无主见，凡事听命于人，这样的人怎么会有一番作为呢？因此，家长必须根据社会发展的需要，更新旧的评价标准，不能盲目肯定"听话"的孩子，也不能一味否定"不听话"的孩子。

没有哪个孩子是不淘气的，只是淘气的程度不同而已罢了。孩子不听话、淘气的举动正是聪明的表现，因此家长必须要跳出"听话教育"这个束缚思想的误区。大多家长希望自己的孩子能有些创造性，但当孩子真的表现出一些不同于别的孩子的特质来，父母就又开始担心了。不听话就是这种特质的表现之一。其实"不听话"也是有其存在的道理的。因为这样的好奇心正是创造的种子，应该备加珍惜、培育和赏识。对于孩子的淘气行为，家长要有宽容、理解的心。

父母喜欢吼叫的教育，
孩子却喜欢柔声细语的述说

"丁丁，去把手洗干净，要吃饭了。"7岁的丁丁自顾自地看着动画片，对于妈妈第三次的召唤他仍然无动于衷。妈妈火了，扯着嗓子大声训斥："你没长耳朵吗？没听见我在叫你吗？"并走上前去关掉了电视。丁丁很无辜地垂下眼皮，很不舍地走出房间，随后低声嘟囔："你玩电脑的时候，我叫你，你不也听不见嘛！"

生活中经常会出现这样的场景，家长们为此感到十分疑惑，心想："孩子为什么对我的话无动于衷呢？"有的父母认为孩子这样的行为是一种不尊重家长的行为，如果继续这么纵容下去，孩子早晚会变得目空一切。

其实，遇到这种情况，父母不妨往好的方面去想想，孩子注意力集中不正表现于此吗？同时，不要急于给孩子扣帽子，责骂孩子"不长耳朵"，而要鼓励孩子，用爱心去感化孩子，并传达对孩子的信任。父母还应该及时地反省自己，看看自己有没有过错。

很多家长都出现过这样的行为，对着孩子大喊："我再警告你一次，下不为例，这也是你最后一次，你听见没有？！"父母的怒火并不能让孩子改掉上述习惯。这样做，会让你精疲力竭，但却很难奏效。试想一下，叫喊怎么可能让孩子做出改变呢？

更关键的是，大声的说教方式只会把孩子带到对立面，亲子关系也渐渐疏远。每一次对立，都会让彼此的关系更为恶化。

同时，你管教孩子的成果也会因怒火毁于一旦。粗暴的说教方式对孩子的成长是极为不利的。一旦家长这样粗暴的教育方式成为习惯，孩子对

家长说的话也就会是"左耳进、右耳出"了。

英国教育协会的斯塔朋·斯科特教授表示，大声吼叫孩子是一个糟糕的现象，"大声吼叫并不能唤起孩子对这个世界的激情，相反，孩子很抵触家长对于自己的怒吼，这对他们心灵的伤害是巨大"。美国心理学家苏·格哈特也认为，有时候，孩子的压力是因为家长对孩子的怒吼而产生，而且怒吼对于孩子大脑的成长是极为不利的。

对孩子大声喊叫下命令是最不明智的做法。应该用温和的态度对孩子进行说教，这样孩子会觉得你的说教是正确的，他们愿意按照你说的去做。

还拿妈妈催促正玩得高兴的孩子吃饭做例子。显然，孩子正在兴头上，妈妈大叫："准备吃饭了，赶紧洗手！"一般不大可能有效果。此时对孩子发火，孩子反倒难以理解父母的反应。如果想让孩子听话，请家长们放下手中的事情，把孩子带到一个安静的场所并对他们用舒缓的方式说教。其实，每个孩子有着很强的好奇心，你对他说话的方式越是柔和，他越能对你说的话产生信服感。

如果妈妈实在是生气了，可孩子还是没有任何反应，妈妈就需要来到孩子面前，轻抚孩子的肩膀，叫他的名字，帮助他停下手里的事情。当孩子注意力发生转移时，你再开始说教。说话时，妈妈最好用双眼注视着孩子。这样有助于将双方带入平静的状态，久而久之，孩子也会养成看着别人说话的习惯，这是一种尊重别人的表现。

父母学会控制自己很重要，在你将要发怒的时候要想办法使自己平静下来。比如，数几个数，或是对自己进行深呼吸。如果你不能做到上述那样的情景，情绪失控的你选择对孩子发了脾气，但记住一定要向孩子道歉，告诉孩子家长也是普通人，也会犯错误，但是他们一定会改正的。

家长情商的高低，直接决定孩子的 EQ

妈妈下班一回家，就看见小雪独自坐在客厅里，脸上还挂着几串泪珠。

要是以前，妈妈肯定又要发脾气，不问缘由先呵斥小雪不许再哭。不过，妈妈在"冤枉"了几次小雪后，注意到小雪的情绪变化，开始转变自己的方式。她并没有发火，而是询问小雪："小雪，怎么了？发生了什么事让你这么不开心啊？"

小雪没说话，被妈妈一问，更是一个劲儿流眼泪。妈妈看到孩子旁边的玩具熊的一只胳膊快掉了，这是小雪最喜欢的玩具。小雪哭着说："妈妈，我的小熊在小朋友抢的时候被弄坏了。"

"妈妈知道你很喜欢小熊，也知道你现在很难过。没关系，先不哭好不好？我们来看看小熊的胳膊还可不可以补救。"

"真的吗？"小雪一下子看到了希望，擦擦眼泪，对妈妈说道，"妈妈，你一定要帮我弄好小熊的胳膊啊。"

"嗯，好，我帮你看看。但是妈妈也不能保证一定会好。不过不管怎么样，你都不要太难过好吗？"妈妈郑重地说。

小雪想了想说："好，我答应你。不过，妈妈，就算小熊修不好，我们也不要把它丢掉好不好？"

"嗯，好，怎么会丢掉呢，小熊没有家多可怜啊。我们把它收藏起来，这样你还可以经常看到它。"

"嗯。"小雪开心地答应了。

情商教育其实就是培养孩子一个良好健康的心理状况。这需要在孩子还是很小的时候就开始做，而教导孩子认识和正确地对待情绪是最基本的部分。情绪是一个比较抽象的存在，用语言来教导孩子认识往往没有很好

的效果，而且对情绪的教育要从小做起，家长的"身教"就要比"言传"更加有效。要想当高情商的家长，首先就要学会控制自己的情绪。

先来探究一下情绪是从哪里来的。"情商之父"丹尼尔·戈尔曼的研究告诉我们，人类情绪的来源是本人内心的一套信念系统，外来的事物只不过是诱因而已，内在的信念系统才是决定的因素。情绪来自人的内心，那么情绪是可以被人为控制的吗？答案当然是肯定的，人可以控制自己的情绪。家长的情绪对孩子的影响是非常明显，也十分微妙的。如果家长用愉快的态度陪伴孩子，那么孩子的情绪也会是积极的。但如果家长遇到不顺心的事情，和孩子在一起，这种负面情绪就会影响到孩子。家长如果不懂得控制自己的情绪，经常在孩子面前以一种负面的情绪出现，比如焦虑、暴躁、争吵、动手或拿孩子来出气，这样的行为不仅对孩子的情绪有所影响，还会对孩子的身心健康产生不利影响。一些性格孤僻甚至有暴力倾向的人在小时候几乎都受到过家长的"影响"，可见家长的情绪对孩子的影响是非常深远且严重的。

一个人的成功，百分之二十得益于智商，百分之八十则是情绪的功劳。所以，家长不仅要学会控制自己的情绪，还要帮助孩子来发展情绪智慧。有两种家长，一种叫作情感疏离型家长，一种叫作情感教导型家长。前一种家长会压抑孩子的情绪，后一种家长懂得帮助孩子去抒发，并且帮他调节情绪，建立情感智慧。情感疏离型的家长比较粗心，属于情商比较低的家长。他们在孩子遇到情绪问题时，会压抑孩子的情绪，让孩子的情绪得不到排遣和抒发，这样是不利于孩子的心理健康的。很多心理问题就是这样积少成多，最终困扰孩子的。而情感教导型的家长不会简单地压抑孩子的情绪。他们会帮助孩子梳理情绪，解决情绪问题。举个简单的例子，比如孩子的宠物猫病死了，面对孩子低落的情绪，情绪疏离型的家长会直接告诉孩子："猫死了就死了，没关系，再买一只就是了。"这是很实际的说法，没有任何错误。但是，孩子的情绪却没有被重视，被家长压抑着，没有得到很好的理解和排遣。久而久之，会让孩子变得漠然和习惯性地压抑情绪。而情绪教导型的家长不会漠视孩子的悲伤情绪，首先要肯定孩子的情绪，比如告诉孩子："我知道你很伤心，我小时候，心爱的狗死了也是这样的心情。"一句话肯定了孩子情绪存在的正确合理性，再帮孩子认识情绪，逐渐排解情绪，让孩子知道，人有情绪是自然的，情绪是可以被了解、被疏导、被善用的。经过这种学习，孩子将来如果碰到痛苦与挫折时，就懂得自我抚慰、梳理情绪。长大以后，也因了解自我和别人内在的情感世界，比较容易与别人建立好的关系。

作为高情商的家长，必须要对孩子的情感懂得尊重和理解。家长要明白的一个道理就是：每个人都可以有不同的心理感受和情绪反应。己所不欲，勿施于人，孩子对一件事的情绪反应是没有对错之分的，家长要承认孩子的情绪与自己的情绪之间的差异，不要勉强孩子与自己保持一致。一个人的行为有对错之分，思想也可以有是非之别，但是情绪反应本身是没有错的。家长不要急于否定孩子的情绪反应，不要对孩子的情绪擅自进行自己的"道德审判"。

高情商的家长还应该保持合理的交流方式，注意和孩子保持恰当的说话方式，包括自己的语气、用词等。家长和孩子的说话方式会影响到孩子从周围环境中学习的方法和内容，也会影响到孩子与别人的交往方式。家长与孩子应该保持一种平和的态度，用语言准确表达自己的情绪，也要准确感受孩子的情绪，帮助孩子用语言表达自己的感受和需要，这样可以帮助孩子更好地和别人进行交流。

喜怒
哀乐

第二章

谁的成长，
不是在情绪波动下进行

了解孩子成长中情绪的特点

　　有一个周末，妈妈带着若曦去商场里玩耍。商场里人很多，有个地方正在卖刚出锅的黄桃蛋挞，这可是若曦的最爱。为此若曦马上指着蛋挞对妈妈说："妈妈，我要吃蛋挞。"妈妈看向若曦所指的方向，看到蛋挞之后，当即答应若曦："好的，妈妈给你买！"若曦赶紧飞奔过去，正在此时，有一对年轻的情侣买走了蛋挞，而妈妈还没有到呢！为此若曦很着急，赶紧喊妈妈，妈妈还是慢慢吞吞地朝着蛋挞的窗口走过去。若曦被气得哭起来："蛋挞没有了，蛋挞没有了！"妈妈不以为然："阿姨还在做呢，马上就好！"若曦还是哭哭啼啼，一直到蛋挞做好，妈妈付款之后拿到蛋挞，但是蛋挞实在太烫了，妈妈拒绝了迫不及待要吃的若曦，把蛋挞举高，耐心地把蛋挞吹凉。

　　感受了蛋挞的温度，觉得可以吃了，这才给若曦。没想到若曦生气地把蛋挞扔到地上。妈妈没想到若曦会做出这样的举动，气得推了若曦一下，怒斥道："你这个孩子怎么回事，怎么这么不懂事！"若曦觉得自己受到了莫大的委屈，索性坐在地上哭起来。周围的人纷纷看向若曦，妈妈觉得尴尬极了。

　　面对年幼的孩子，很多父母常常会遇到这样的尴尬情况，看着情绪突然间歇斯底里且丝毫讲不通道理的孩子，他们无计可施，很难堪，也很气愤。孩子的情绪为何总是这样起伏不定呢？其实，孩子的情绪之所以会出现如此大的落差，除了因为他们年纪小，情绪原本就不稳定之外，也与父母没有掌握正确的方法了解他们的情绪、疏导他们的情绪密切相关。父母要想减少孩子的情绪问题，就要深入了解孩子的情绪。看到这里，很多父母也许会说：我自己的孩子，我还能不知道吗？还真别夸下海口，因为生活中不了解孩子情绪的父母很多，所以才有很多的父母不知道如何采取正确的方式面对孩子，引导孩子的情绪归于平静。在上述事例中，若曦看到蛋挞卖光了很着急，而好不容易等到阿姨做出新的蛋挞，妈妈却又不给她吃，让她只能看着，却吃不到嘴巴里，为此她的情绪才会崩溃。当然，妈妈也很委屈：我是为了你好，怕烫着你才不给你吃的，还耐心给你吹凉。然而，年幼的若曦未必知道烫是什么意思，如果妈妈可以让若曦用手指试一下蛋挞的温度，相信即使放在若曦面前，若曦也不敢去吃。为此，父母要意识到孩子的人生体验有限，可以在保证孩子安全的情况下适度加强孩子的人生体验，这样孩子才能理解父母的苦心。

孩子的语言表达能力有限，还不会用语言熟练地表达自己的心理状态和情绪状态，为此他们一旦感到不高兴，就会采取行动来发泄不满。此外，孩子还很小，内心幼稚不成熟，他们有任何喜怒哀乐都会表现在脸上和行为上，而不会加以掩饰，这也是孩子的情绪为何总是起伏不定的原因。作为父母，要知道孩子的身心发展特点，也要理解孩子因为情绪波动而做出的行为表现。

父母要知道孩子的脾气秉性，毕竟每个孩子的脾气秉性都是不同的，父母要因人而异，根据孩子的脾气秉性特点去对待孩子，而不要总是跐着孩子的脾气性格去对待孩子。例如，如果孩子乐观开朗，父母可以有话直接说，如果孩子性格内向，而且很自卑，那么父母就不要给予孩子太大的压力，而是要引导孩子多多表达。只有根据孩子的性格，随着孩子的情绪表达，及时调整面对孩子的方式方法，亲子相处才会更融洽，亲子感情也才会更深厚。父母作为成人面对还没有长大的孩子，一定要在亲子关系中占据主导地位，而不要因为孩子情绪波动就也失去控制，否则会使得亲子关系变得更加糟糕，也不利于孩子身心健康地成长。

男孩和女孩，情绪表达方式并不相同

乐乐和欢欢是一对龙凤胎，乐乐是姐姐，欢欢是弟弟。他们俩出生的时间只相差了几分钟，而且是同卵双胞胎，长相也很相似，但是他们的脾气秉性却截然不同。早在襁褓时期，乐乐就表现出温和的性格特征，就是饿了，或者撒尿了，也是柔声哭泣。而欢欢呢，则明显是个厉害小子，一旦哭起来就是一声紧似一声，根本不给妈妈给他冲奶粉的时间。为此，每次欢欢哭的时候，妈妈都会手忙脚乱冲奶粉，一个劲儿地抱怨欢欢太着急了。

在妈妈的辛苦抚育下，渐渐地，乐乐和欢欢长大了，已经上幼儿园中班了。有一天，爸爸的一个同事带着孩子来家里做客，这个孩子是男孩，叫豆豆，比乐乐、欢欢大一岁，是个自来熟，才来到家里没一会儿，就和乐乐、欢欢玩起来。豆豆看中了一个轨道汽车，非要玩，但是乐乐舍不得给豆豆玩，又抢不过豆豆，在汽车被豆豆抢走之后，乐乐伤心地掉眼泪。

这个时候，平日里经常和乐乐打架的欢欢看到乐乐受欺负了，马上冲过去，趁着豆豆不防备，把豆豆推倒在地上，而且对豆豆说："你快滚出去，我们的玩具不给你玩。"豆豆号啕大哭起来，乐乐见状很担心，赶紧过来拉着欢欢，让欢欢不要和豆豆吵架。这个时候，妈妈闻讯赶来，问清楚事情的缘由之后批评欢欢："欢欢，你怎么这么暴力啊，你是小主人，应该把东西让给小客人玩。"欢欢说："就不，就不！"说着，欢欢居然站到遥控汽车上面，使劲地踩着说："我把它踩坏，也不给豆豆玩，谁让他欺负乐乐！"

在这个事例中，两个男孩子都表现出很强势的性格特征，而且更加倾向于用行动来表达情绪、解决问题。如果妈妈不及时赶到，他们打起来也完全有可能。谁让他们俩都是男孩子呢！和两个男孩相比，乐乐解决问题的方式就缓和很多，她只是哭泣，而不愿意和豆豆产生冲突，虽然很委屈，却默默掉眼泪。

当有不止一个孩子在一起玩耍的时候，孩子们都会情绪冲动，很容易因为情绪问题爆发冲突，甚至发生推搡和打架事件，尤其是在男孩多的地方，这样的情况更是常见。作为父母，对于孩子之间的冲突不要过于介入和干预，可以引导孩子以自己的方式去解决问题，也可以帮助孩子制定游戏规则，从而让孩子们在规则限定的范围内一起愉快地玩耍。像上述事例中妈妈这样要求小主人必须让着小客人，从礼节上来说是没有问题的，但是孩子的身心发展正处于特殊的阶段，他们还不能理解小主人、小客人的确切含义，而且他们希望得到的是对每个人都很公平的游戏规则，所以妈妈这样的处理方式显然很难服众，最终导致欢欢情绪更冲动，宁愿把小汽车踩坏也不愿意给豆豆玩。其实，欢欢这样的行为不仅是针对豆豆，也是对妈妈处理方式的不满。父母不是孩子的裁判官，尤其是很多父母总会从成人的角度出发去要求孩子，不得不说，这对于孩子而言是很不公平的。为了使孩子更好的成长，父母要端正态度，保持正确的教育观念。在孩子的世界里，一切都是公平的，没有谁应该让着谁，也没有谁一定要战胜谁。父母要了解男孩与女孩不同的情绪表达方式，才能更好地与男孩女孩相处。

通常情况下，女孩的内心更加细腻敏感，表达的时候也很委婉含蓄，她们的情绪相对内敛。相比较女孩，男孩的情绪更冲动，就像疾风骤雨，也许两个男孩在一起很快就会打起来，但是他们会以更快的速度和好，再次玩到一起去。当然，也有可能是因为男孩的语言表达能力在年幼阶段没有女孩强，所以这也代表了男孩爱动手的心理特点。父母要引导男孩和女孩表达情绪，但是总的原则都是要引导宣泄和缓解，而不要一味地压制，导致他们因为压抑的情绪而受到伤害。

探究影响情绪的因素，帮孩子走出阴影

　　妈妈是高龄产妇，在生下意涵之后，得到公司领导特批，可以休半年的产假。为此，妈妈安安心心、踏踏实实地在家里照顾了意涵半年的时间。本来，女强人妈妈还觉得半年的时间太长了，没想到陪伴在可爱的意涵身边，半年的时间很快过去了，妈妈对意涵依依不舍，但是却要去上班了。在上班前半个月，妈妈把奶奶从家里接过来照顾意涵，本来是想趁着自己在家的时候让奶奶适应一下，没想到奶奶照顾意涵的方式和妈妈照顾意涵的方式完全不同，为此妈妈总是给奶奶提意见，奶奶也愤愤不平：我是来帮你照顾孩子的，你凭什么对我指手画脚。就这样，奶奶才来家里三天的时间，就开始与妈妈斗气。她们觉得意涵还小，为此常常当着意涵的面争吵，也会故意说一些让对方难堪的话。有一天，因为奶奶给意涵吃了有盐的东西，妈妈非常生气，再想到昨天奶奶还用嘴巴咀嚼东西给意涵吃，妈妈和奶奶大吵起来。

　　自从奶奶到来之后，爸爸和妈妈的关系也没有那么好了，因为不仅妈妈会给爸爸告状，奶奶也会给爸爸告状。就这样，才过去一个多星期，原本特别爱笑、情绪很好的意涵出现了情绪问题，总是爱哭，有的时候哭起来一个小时都哄不好。有一天，意涵哭得很卖力，嘴唇都憋青了，妈妈以为意涵有肠梗阻或者肠套叠，赶紧带着意涵去医院就诊。医生在给意涵进行全面检查之后，证实意涵身体方面没有任何问题，又详细询问了意涵的情况，这才对妈妈说："父母的情绪会影响孩子，或者其他照顾者的情绪也会影响孩子。您要找到更好的与奶奶相处的方法，否则会对孩子的情绪造成影响。不要觉得孩子小就什么都不知道，其实她是可以感知到的。"

在医生的提醒下，妈妈这才意识到问题的严重性，回到家里找到奶奶开诚布公地交流，奶奶也意识到自己的一些育儿方法的确不够科学，表态会按照妈妈说的去做。就这样，妈妈和奶奶相处融洽，爸爸和意涵的情绪也有所好转，尤其是意涵，哭泣的次数明显减少了。

很多人都误以为小小的婴儿无法感知外部世界，更无法感知情绪，其实不然。外部世界和照顾者的情绪，构成了婴儿生存的整个环境，所以婴儿对于周围的环境是非常敏感的。作为父母，或者是婴儿的照顾者，一定不要当着婴儿的面争吵，发泄不良情绪，否则婴儿也会变得焦虑紧张，还会因为情绪而引发很多问题。

那么，除了照顾者的情绪之外，孩子还会受到哪些因素的影响而导致情绪波动呢？简单来说，色彩、声音、温度、湿度等，都会影响孩子的舒适度，也会对孩子的情绪产生影响。初生的婴儿并不喜欢色彩鲜艳的颜色，相反他们喜欢黑、白、灰色。随着视力的不断发展，他们才会渐渐喜欢上鲜艳的颜色，为此父母不要以鲜艳的颜色布置新生儿的房间，而是要让新生儿更多地看黑白色。新生儿睡眠的时间很长，喜欢安静，为此要保持良好的睡眠环境。偶尔播放音乐给孩子听，也要播放安静舒缓的音乐，这有助于孩子保持情绪的舒缓。此外，随着不断地成长，孩子的认知水平越来越高，认知水平会影响孩子的情绪感受。所以父母一定要为孩子营造良好的环境，这样才能让孩子保持愉悦的情绪，也有利于孩子的身心健康成长和发展。孩子对于外部世界是非常敏感的，父母不要忽略孩子的感受，而是要在了解孩子的基础上给予孩子更密切的关注，这样才能及时调整环境，给孩子营造良好环境，有效减少孩子不良情绪的产生，帮助孩子收获更多的愉悦。

情绪也有周期，父母要好好掌握

　　刚刚上小学一年级的豆豆，从熟悉的幼儿园环境进入小学的环境里，开学之初每天都非常高兴地去学校。开学两个月之后，妈妈看到豆豆一切表现都很正常，就放下心来：看来，豆豆已经适应了小学生活。没想到，有一天，豆豆早晨起床的时候就赖床不愿意起来，等到磨磨蹭蹭、慢慢吞吞洗漱完之后，又对妈妈说："妈妈，我今天不想去上学。"妈妈听到这句话很吃惊："你为何不想去上学呢？今天是周三，又不是周末？"豆豆

一声不吭，妈妈追问："你是觉得哪里不舒服吗？"豆豆摇摇头。妈妈又问："那么，你是被老师批评了吗？"豆豆说："没有，我表现很好。"妈妈恍然大悟："我知道了，你一定是和小朋友吵架了。其实和小朋友吵架也正常，不过吵完架之后就还是好朋友，对不对？"豆豆赶紧否定："没有，没有，没有吵架！"

眼看着再不出门就要迟到了，妈妈着急地问："那你到底为什么不去上学！你得给个理由啊，难道学校是由着你想去就去，不想去就不去的吗？"豆豆突然崩溃地哭起来："我就是不想去上学，没有原因！"妈妈看着哭泣的豆豆，感到很迷惘，不知道豆豆到底是怎么了。

作为女人，总是说"每个月总有那么几天"，的确，女性朋友因为生理周期的原因情绪会出现规律性波动，其实，很多妈妈都不知道的是，孩子的情绪也是有周期表现的。很多父母都特别粗心，觉得小屁孩有吃有喝的，有什么资格感到生气呢？的确如此，孩子吃喝不愁，被爸爸妈妈无微不至地照顾，为何会感到情绪不好呢？就是因为孩子也有情绪周期，他们的情绪会呈现出规律性变化，因此父母要捕捉孩子的情绪信号，也要帮助孩子疏导情绪。

前文说过，影响孩子情绪的因素有很多，而且孩子的情绪还有周期性改变。又因为孩子并不善于掩饰情绪，而是常常把自己的喜怒哀乐都表现出来，他们受到情绪的影响就会导致行为也发生改变。有的孩子在某一段时间会变得特别爱哭，有的孩子在特定阶段情绪会变得非常亢奋，也有的孩子原本很健谈却变得沉默……只要孩子没有更明显的异常或者是不正常的表现，父母无须过于紧张。作为父母，既要对孩子的情绪明察秋毫，也要了解孩子的情绪周期是正常现象，从而适度对待孩子，有效引导和帮助孩子疏导情绪，让孩子情绪良好、行为平和。

排除坏情绪的隐患，让孩子快乐成长

作为幼儿园大班的孩子，若曦开始学习更多的内容了，如画画、唱歌、简单的数字等，为将来升入一年级做准备。然而，在学习各种知识的过程中，老师发现若曦有一个非常奇怪的表现，那就是每当老师布置一个学习任务，如学会一首古诗，或者是画出一幅画的时候，若曦总是非常紧张。其他孩子已经开始读读背背或者拿起画笔顺畅地作画了，但是若曦却紧张得不知所措。老师不知道若曦怎么了，特意找来若曦的父母了解原因，这才知道若曦从小是由爷爷奶奶带大的，若曦的爷爷奶奶都是大学老师，所以对于若曦的要求非常严格。若曦小小年纪就被爷爷奶奶教会背诵古诗、画画、唱歌，但是她却压力很大，感到非常焦虑，渐渐地在面临新的学习任务

时总是很紧张，生怕自己做不好会被批评。

看到若曦面对一项新的学习任务如此紧张，爸爸妈妈这才意识到爷爷奶奶对于若曦的超前教育和高标准严要求，导致若曦很紧张，而且内心惶恐不安。他们带着若曦去看心理医生，心理医生建议给若曦一两年的时间去恢复，不要给她任何压力，让她弥补无忧无虑的童年。妈妈很担心："但是，她明年就要上小学了，刚开始读一年级的时候必然觉得紧张和有压力。"心理医生说："心理健康关系到孩子一生的幸福，晚一年上学又有什么关系呢？否则孩子的情绪障碍越来越严重，再想逆转就很难了。"

在这个事例中，爷爷奶奶的超前教育无疑给若曦埋下了一个情绪地雷，导致若曦在平日里表现没有异常，但是在到了大班需要学习的时候，隐藏在心中的压力马上爆发出来。其实，孩子有自身的成长规律，不管是爷爷奶奶还是父母，都不要对孩子做揠苗助长的事情。就像事例中的若曦，因为被剥夺了快乐无忧的幼儿时光，到了幼儿园大班问题爆发，还要去弥补幼儿时光。既然如此，为何当初不能让若曦年幼的时候就无忧无虑地度过每一天呢？

从心理学的角度而言，孩子的情绪地雷都是因为环境导致的。看起来，婴幼儿似乎对于周围的环境没有太深入的参与，而实际上婴幼儿正是在感受环境的过程中，发展自身的注意力、观察力，才能够形成完整的认知过程。在潜移默化中，周围的环境就像经过刻录机刻录一样印到孩子的大脑中，为此很多伟大的心理学家对那些成年以后行为异常的人进行研究，发现他们成年的悲剧都与婴幼儿时期以及童年时期的经历密切相关。作为父母，一定不要把情绪地隐患埋在孩子的生命之中，要想让孩子生活得幸福快乐，我们就要给孩子营造一个良好的生长环境。

父母好情绪，才能带给孩子正能量

小米从小就不快乐，总是郁郁寡欢。其实，她的家庭在外人看来很幸福，她的爸爸是律师，妈妈是医生。按理来说，这样的中产阶级家庭，家境殷实，孩子要什么有什么，也会得到父母所有的爱，没有理由不快乐。但是，小米的爸爸除了律师身份之外，还是一个酒鬼。他因为工作的关系经常陪人喝酒，渐渐地变得越来越依赖酒精，就算没有人请他喝酒，他也会在家里喝酒，而且经常喝醉。

爸爸每次喝醉酒之后，都会和妈妈吵架，也会呵斥小米。小米越来越害怕爸爸，在她眼中，爸爸就像一个魔鬼，她甚至幻想着自己如果没有爸

爸只有妈妈该多好。每当看到其他孩子在爸爸面前撒娇，有任何问题都会第一时间找到爸爸求助，小米总是把眼泪往心里流。妈妈总是告诉她不要招惹爸爸，不要惹得爸爸心烦，因为爸爸不管是高兴还是生气，都会喝很多酒，然后撒酒疯。小米郁闷极了。

看着这样的描述，即使隔着书本、隔着屏幕，我们也能感受到小米的无奈、压抑和忧郁。自古以来，在所有的家庭里，父亲都应该肩负起家庭的重任，是家庭顶梁柱的角色。而对于小米而言，她的爸爸却是家里的一个"不定时炸弹"，不知道什么时候就会喝醉，不知道什么时候就会撒酒疯，可想而知小米根本无法从爸爸那里获得安全感，内心必然是漂泊动荡甚至压抑忧郁的。

前文说过，童年生活的一切都会刻印在孩子的脑海中，即使孩子在无意识的状态下，这些印刻着的经历也会影响孩子的成长，影响孩子的人生。那么，对于孩子而言，最重要的生存环境是什么呢？不是房子，不是居住在城市还是农村，也不是学校，而是父母。正如人们常说的，父母是孩子的第一任老师。新生儿从呱呱坠地开始，就要依靠父母无微不至的照顾才能更好地生存，为此孩子在很长一段时间内，都与父母联系最为亲密。父母的一颦一笑、一举一动，都被年幼的孩子看在眼睛里，牢牢记在心里，父母的情绪也在不知不觉间影响着孩子。有心理学家经过研究发现，几个月的婴儿就会看父母的脸色，在父母笑容满面的时候，他们的神情会更加轻松；而在父母面色严肃的时候，他们的神色也会马上改变，不再微笑。为此，父母要想让孩子更加快乐，就要以好情绪面对孩子，为孩子营造轻松愉悦的生存环境。

看到这里，有些父母也许会说："我们每天工作那么辛苦，既要工作，又要照顾家庭，累得够呛，哪里还有那么好的心情去对待孩子呢？"试问父母，如果你们已经为孩子做了很多，不管做什么事情都把孩子放在第一

位，那么你们为何还要吝啬给予孩子笑脸呢？只是笑脸而已，慷慨的父母一定要给孩子，这样孩子的成长才会更加圆满，孩子的未来才会与幸福快乐相伴。

作为父母，一定要肩负起陪伴和引导孩子成长的重任，当好孩子的第一任老师。哪怕父母本身承受着巨大的生存压力，也不要总是对着孩子肆意发泄情绪。有很多父母发现孩子情绪容易波动，很爱生气、说狠话，不能做到与他人友好相处，先不要急于从孩子身上找原因，而是要反思自己。正如人们常说的，孩子是父母的镜子，当一个人照镜子的时候发现镜子里的自己满脸脏污，难道要去擦拭镜子吗？当然是要擦拭自己，等到把自己的脸擦拭干净，镜子里的自己也就变得干净了。情绪变化不但会影响孩子的心理健康与情绪状态，也会影响孩子的行为举止和身体健康。有消化内科的医生经过长期临床观察发现，相当一部分消化道溃疡或者消化功能不好的病患，不是因为病人胃肠道本身有问题，而是因为他们的情绪很紧张、焦虑。帮助这样的病人进行治疗，服用药物只能起到辅助的作用，最重要的是让他们调节好心情、调整好状态，从而才能保持情绪愉悦，身体上的疾病也就会不治而愈。当然，孩子是很容易犯错误的，因为他们心智发育还不够完善，也缺乏人生经验，即便如此，父母也不要总是指责和批评孩子，而是要认识到金无足赤、人无完人，更何况是孩子呢？父母要肩负起的角色是孩子的引导者，而不是孩子的批判者。作为父母，一定要放下高高在上的家长权威，真正做好孩子成长的陪伴者，就像朋友一样与孩子携手并肩、共同成长。只有营造友好融洽的亲子关系，父母与孩子才会更和谐地相处，父母与孩子才会更加了解和理解彼此，继而营造更好的家庭教育氛围。

第三章

培养孩子自信，
成长需要插上自信的翅膀

让孩子相信，自己有无限的潜能

本节要讨论的是孩子的潜能。所谓潜能，通常是指一个人身体、心理素质等方面存在的发展可能性。人在每个成长阶段是不同的，每个人的遗传基因也不同，故而每个人都具有不同的潜能。每个人的潜能也不是只有一种。潜能开发的本质是通过外界的手段把人天生拥有的智慧循循善诱出来，激活已经拥有的知识并掌握新的知识的能力。一个人的潜能开发并不是一蹴而就的，不可能一次性或短时间内开发出一个人所有的潜能，所以不能急于对孩子下结论。家长要教孩子相信自己，敢于挑战，激发自己未知的潜能，获得更大的成功。

"小亮，听说你们学校举办运动会了是吗？"吃饭的时候妈妈问小亮。

"嗯。"小亮低着头。"那你参加了吗？"妈妈问道。

"没有，"小亮说。"长跑，我觉得自己坚持不下了。短跑，我更是不行了。铅球，我们体育课练习过，可是我……我扔不出去，还被同学笑话了。我知道，我压根就没有运动的天赋。"小亮低着头说道。体育课上被同学笑话的事至今还留在他的脑海里，他因此断定自己是没有运动的潜能了，索性想放弃锻炼，以免再让自己尴尬了。

妈妈并没有生气，也没有责备孩子："怎么会呢？谁说你没有运动的天赋了。任何运动都是需要技巧的，你没有学习过当然做不好了。但这是训练的问题，而不是天分的问题啊。没有谁一出生就是运动健将，都是后天的刻苦训练得来的。哎，对了，马上要到六一儿童节了，你们学校的文艺演出你有报名吗？"

"没有。我学做广播体操都要好久才能学会，更别说跳舞了。我不要去，我天生就不是跳舞的料。"听着小亮对自己的评价，妈妈说："怎么可以这么说自己呢？你就对自己这么没有信心啊？你不去试试怎么知道自己做不好？就算有潜能那也要经过开发和展现的机会才能显示出来，就这样武断可是不好的哦。这样吧，我给你讲个故事。"

听了妈妈的话，小亮被勾起了好奇心。

"有个学习钢琴的学生，他拜了一位教授为师。第一周，他去上课的时候，老师给了他一张琴谱，可是难度非常大，明显超过了他当时的水平。老师什么也没说，只是让他在接下来的一周里好好练习。第二周上课的时候，教授又给了他一张琴谱，可是难度比第一次还大，连第一张琴谱他都还没弹熟练呢。情况一直持续到第三周。学生终于忍不住，问教授：'老师，我不明白，为什么总是给我这么难的任务，我做不好。'

"教授没有说话，只是让他弹奏一下第一张琴谱上的乐曲。结果，连他自己都没有想到，竟然可以那么流畅地弹奏出来。而第二张乐谱也是如此。

"'如果我任由你表现最擅长的部分，那么现在你可能还在练习第二张的内容，也就不会有现在这样的水平了。'教授说。"

听了妈妈的故事，小亮确实觉得自己应该踊跃尝试的。"妈妈，你说得对，不去试试，怎么知道自己不行呢？"

上述案例中的小亮因为别人的评价而不敢尝试新的事物，并且对自己没有信心。而小亮妈妈的方式很巧妙，用讲故事的方式来对孩子进行教导，让孩子在故事里的人物身上找到自己的影子，从故事中得到启发，改变自己。

关于如何激发孩子潜能，在这里提出几点建议，供各位家长参考。

1. 教孩子用自信来战胜胆怯

孩子之所以会觉得自己在某方面失败或觉得自己完成不了，是因为对自己缺乏自信。由于不相信自己，就不敢尝试。没有尝试，自然不知道自己能否胜任，成功则更就无从谈起了。家长要帮助孩子树立自信心。人首

先要自己相信自己，才能让别人相信自己。尝试才会有机会展现自己，教孩子用自己的信心来战胜不敢尝试的胆怯。孩子的自信，一方面是来源于自己的成功，另一方面是来自家长的鼓励。所以，家长要对孩子多鼓励、多赞扬，让孩子得到肯定，然后慢慢建立起信心。有了信心，孩子对自己更多的就是肯定。即使受挫，相信孩子也能在自信的帮助下重新鼓起勇气。在这种自信之中，潜能才会有被发现的机会。

2. 教孩子学会知难而上

正如本节开头案例故事中的教授所言，任由一个人在自己擅长的领域内表演，是永远无法获得新的突破的。较陌生的领域而言，人们更容易在自己擅长的领域内获得成功，所以人们更乐于做自己擅长的事。也正是如此，人们才会失去开发新的潜能的机会。如果敢于向自己的短板或未知的领域发起挑战，那么就有一个新的开始，也将会有新的收获。只有一次次战胜困难，才能积累经验、开发潜能。家长要教孩子敢于挑战自己，学会知难而上，才能获得新的知识和技能，潜能也就一步步被开发出来。

3. 教孩子不放弃努力

由于年龄的限制，孩子的身体和大脑的发育并没有完成，人生经历更是少之又少，这些都是开发潜能的限制因素。孩子有时候很难意识到这一点，在开发潜能上有些急于求成，容易对自己产生怀疑，容易否定自己。家长要帮助孩子更全面地认识自己，让孩子在能力允许的范围内追求成功。学无止境，随着学习内容的增多，拥有的知识日渐丰富，潜能才可以更好地发挥作用。开发潜能也需要持久的耐心和坚韧的毅力，家长要教孩子不放弃努力，坚持不懈，在不同的年龄段内循循开发自己的潜力，同时要对自己抱有信心，要相信自己还有很多事没有经历没有尝试，还有无限个可能，也就是自己的潜能并没有发挥到极致。因此，持续追求和不懈努力是开发潜能的必要条件，相信在长时间的付出中，自己的潜能都会得到开发，在巨大潜能的帮助下，自己一定能够获得巨大成功。

任何时候，都不能轻易否定自己

在写这节之前，我们先来看一个心理机构做的实验。这是一家美国的心理学机构曾经进行过的一项实验：在学校里随机抽取 20 名同学，然后当着全校同学的面评价这 20 名同学都天赋异禀，且将来一定大有作为。当然，这 20 名同学自己也知道权威人士的评价。十几年过去，那 20 名被判定会大有作为的同学，全都成为人中龙凤，取得了杰出的成就。他们迄今为止还不知道当年自己被选中完全是随机的，而是误以为自己真的天赋异禀。他们到底是凭着什么获得成功的呢？就是凭着他们的自信。在被权威人士认可和肯定之后，这 20 名同学都变得非常信。在漫长的人生路途中，他们遭遇过很多困境，但是从未轻易放弃过。他们坚信一切坎坷磨难都是为了让他们获得成功做准备的，所以他们形成了强大的自信，也在自信中收获了神奇的力量。

这些孩子在被随机选中的时候，对于自己并没有客观中肯的评价，他们正处于对自己深入认知的形成和自信心的建立阶段。正是在这个关键时刻，他们被人授以自信，并顺利建立自信。之后，在自信的巨大力量推动下，他们不断地砥砺前行，排除万难，哪怕遭遇再多的坎坷挫折也绝不放弃最终取得成功。因此，做父母的，一定要告诉孩子相信自己，不要轻易的否定自己。

五年级的萱萱想学钢琴，自从第一眼看见那个有黑白键的大家伙后，她就不可救药地爱上了它，并且发誓要好好学习弹钢琴。

在自己好说歹说而且表明了自己学习钢琴的决心后，终于说服了爸爸妈妈答应买钢琴。她兴奋地拉着爸爸妈妈来琴行。第一次如此近距离地看着心爱的钢琴，萱萱心里止不住地激动。她的手指轻轻拂过琴键，感受来自指尖的美妙。

"你要学习钢琴吗？"一个声音飘进了萱萱的耳朵，走进了她的心里。

"嗯！"营营郑重地回答。面前是一个中年男子，他打量了一下萱萱，目光又停留在萱萱还停在琴键上的手指上，然后摇了摇头，又叹了叹气，似乎还带着点儿无奈地说："你手太小，手指不够长，恐怕不适合弹钢琴吧。"

"为什么？手小怎么了，我喜欢钢琴，我可以练习啊。"萱萱一听这话，都有点儿急了。要知道，她现在有很大的热情和决心，怎么能够容忍别人说不行呢？

"孩子，你知道的，很多事不是仅靠热情就可以的。音乐这种事，怎么说呢，没有天分，再努力也无法达到顶峰。我自己就是练钢琴的，我知道。"

萱萱心里很难过，这样一位"权威人士"都发了话，自己的信心都受挫了，之前的热情也有些消减。难道自己就真的不适合弹钢琴了吗？

爸爸知道后，对萱萱说："你觉得你喜欢钢琴吗？你觉得自己行吗？"

萱萱说："喜欢，当然喜欢了！我是真的想好了要学习钢琴的。我知道学习不容易，可是我会很努力的。"

"那就行了，既然你自己已经下定了决心，又何必那么在意一个陌生人的话呢？他又不够了解你，他说的也不一定就是百分百正确的啊！你要相信自己，也要果敢有魄力，自己的事情要自己拿主意，别人的意见都只是参考，当然更不能因为别人的一句话就轻易否定自己，知道了吗？"

爸爸的话让萱萱吃了一粒定心丸，她决定了要学习钢琴。而且她相信，自己一定可以学得很棒的。

果然，仅仅一年后，萱萱的钢琴就已经过四级了。

案例中的孩子在下定决心要学习热爱的钢琴时，却遇到了一位"专

业人士"泼冷水。对自己梦想的否定是每个人都不愿意见到的，于是萱萱也像多数孩子一样对自己产生了怀疑，可是这种否定就一定是正确的吗？萱萱的爸爸给了她答案：相信自己，没错。别人的话都只能是参考，不能因为别人一句不确定的话而轻易否定了自己，从而失去了一个学习甚至是成功的机会。家长要教孩子正确看待别人的评价，要让孩子知道，别人的评价不一定完全正确，别人对自己的了解并不一定全面，也不是事件的亲历者，所作出的评价不一定就是中肯客观的，所以要教孩子对别人的意见抱着参考的态度而不是完全信服。面对别人负面的评价时，孩子更应该保持清醒的头脑，而能够正确判断和对待别人意见的前提和重要基础是孩子对自己能够有一个正确、客观、较为全面的认识，并且对自己的决定有较为准确的判断，然后就是要教孩子对自己有足够的自信，不要轻易因为别人的一句话而否定自己的能力。这里有几点建议供各位家长参考。

1. 树立自信心是基础

因为对自己有信心，才不会轻易被别人影响。教孩子树立自信，家长就要让孩子意识到自己的能力。要让孩子觉得在遇到一件事时"我能做""我会做"，鼓励孩子充满信心，而不是遇事畏首畏尾，总是觉得"我做不到"。一个没有自信的孩子遇事时会犹豫不决，如果再有人对孩子提出否定意见或泼冷水，那么孩子自然容易人云亦云，也跟着否定自己了。所以，帮助孩子树立自信是关键。

2. 不要急于否定孩子的意见

如果孩子想做一件事，还未动手，一张嘴说想法，家长就是一句话："不行，这样不对。"孩子开始做一件事，家长在一旁指指点点："你不应该这样做，这是不对的。"如果孩子经常遇到这样的情况，久而久之，就会造成一种感觉：自己总是错的。这种感觉对孩子来说是很危险的。孩子会随着家长的否定变得没有信心，思维能力也会下降，不敢说出自己的想法，这对孩子的性格形成很不利。家长要鼓励孩子勇于说出自己的意见，并且以一种尊重、平等的态度来对待，让孩子感觉到自己的意见是被重视的，而自己的意见是有可取之处的。当别人对孩子提出不同意见，孩子也就不那么容易盲从，不会因为别人的一句话而轻易否定自己。家长要让孩子觉得自己会是对的，也要学会对别人的态度持有怀疑精神，会思考、敢发言、敢质疑，孩子也就不会因为别人的意见对自己进行否定。

3. 教孩子学会坚持

有句话叫："既然选择了远方，便只顾风雨兼程。"对每个人来说，人生中重要的决定，一旦下定决心，就不要轻易改变。比如未来发展的方向、自己的兴趣爱好或自己要达到的目标。这些都有可能会受到质疑甚至阻碍，但成功者往往是因为选择了坚持，并且为之不懈努力，才获得了成功。当孩子作决定时，首先要自己有成熟的思考和谨慎的判断，一旦作了决定，就要有风雨无阻的坚持精神，要有毅力和魄力，敢于坚持自己的想法。只要自己有足够的信心和恒心，就没有人可以改变决定。当然了，家长要帮助孩子选择方向，不能让孩子在错误的道路上固执下去。

其实，有不同的意见未必是件坏事。有时候，别人的意见是对的，可以帮助孩子及时矫正方向。面对别人泼的冷水，家长要教孩子正确对待，把前进路上的阻碍当作动力，让这些声音帮助孩子保持清醒的头脑，时刻有着前进的动力，不断奋斗，最终走向成功。

对于孩子的兴趣，应该给予更多的鼓励

师师是个讨厌钢琴的小孩，但是妈妈看着别人的小孩都去参加钢琴培训班，师师妈妈不甘示弱，强迫师师参加培训。那晚下大雨，师师问："下这么大雨，是不是可以不去参加钢琴培训？"

妈妈一边穿雨衣一边说："学钢琴岂能退缩，下点儿雨就不去了，那你以后怎么干大事。"师师很不情愿地坐在妈妈的自行车后面。

钢琴老师让师师温习一下上节课的课程，师师回家后没有练习，弹得相当糟糕，简直是一塌糊涂。老师便皱着眉头责备道："教了你这么多次了，还弹成这样子，你到底学了没有？"然后对师师妈妈说："看看你家孩子，听听，弹的什么样，没有一点儿钢琴细胞，以后肯定成不了材。"

从老师家走出来，雨还在一直下，回家的路上，妈妈一直对师师唠唠叨叨："叫你别出去玩，现在好了，挨骂了，你看看人家弹得多好，以后没我的话，别再出去玩了，必须学好了，才出去。"

次日，阳光高照，又到了师师练习钢琴的时间，师师的爸爸像往常一样，关上卧室的门，打开电视机，而妻子在厨房里洗碗做饭。

但是，很长一段时间，爸爸都没有听到孩子的琴声了，觉得很奇怪。突然一声惨叫，爸爸赶紧跑出去，被眼前的一切怔住了，惨烈的场景出现在他眼前：儿子竟然在高强度的压迫下，选择了割脉自残。爸爸迅速夺过刀子，拨打了120，并将儿子送往医院。经检查，儿子手上有两处刀伤，而且有一处已经伤及神经，无法完全愈合了。

师师的母亲听完后，顿时晕了，醒来后，发现自己躺在病床上。此时，她才意识到自己对师师的要求太严格了，没有按照师师的意愿来做决定，也没有经过师师的同意，而是完全替师师安排。

师师的悲剧让我们心痛，更让我们反思。父母的愿望成了师师永远甩不掉的包袱，最后他选择了自残的方式进行反抗，这不是个案，而是现在社会的一种普遍现象。望子成龙，望女成凤是家长共同的心愿。一些家长为了让孩子成才，不惜投入大把的金钱，牺牲自己不少的宝贵时间，这本没错。但是父母强迫孩子去做一些他们不感兴趣的事情，这样不仅不利于他们的身心发展，甚至有可能引发悲剧。

所以，对于孩子的兴趣爱好，父母要做的不是强迫，而是引导，只要孩子的兴趣爱好不是有害的或不良的，父母就要尊重和鼓励孩子。但总是强迫孩子去做一些他们不喜欢或是不感兴趣的事情，并不能让孩子更好地成长，这其实只是家长单方面的美好愿望而已。把自己的好恶强加在孩子身上，这会成为孩子的一种负担，继而会激起孩子的反抗情绪，哪怕他们以前本来喜爱那件事情，或者不爱也不憎，但由于父母的强迫，他们也会对它讨厌到极点，这样做的结果只能是事与愿违。

心理学家指出，作为家长，我们应该尊重孩子的兴趣。如果父母在孩子童年的时候，对其进行培养、引导，而不是用一种权威的方式去要求，则孩子日后的发展将更加健康。父母只有充分地了解孩子，尊重孩子，从而发现孩子的潜力，按照孩子的潜力方向去培养孩子，把孩子的天赋培养出来，则孩子更容易成才。

那么，家长应该如何去对待孩子的兴趣爱好，怎么培养孩子的兴趣爱好呢？我们应该从以下几个方面入手：

1. 呵护孩子萌生的爱好，升华孩子的兴趣，让孩子受益一生

不同年龄的孩子，有不同的兴趣。与成人相比，孩子们的兴趣爱好有着很大的不同，很多时候，成人觉得无聊，而孩子却觉得其乐无穷。家长们如果按照自己的观念去培养孩子的兴趣爱好，那只会适得其反。如果蹲

下来，以孩子的视角去看某些事情的话，结果就会不一样。

在生活中，我们时常观察到，孩子爱看蚂蚁搬家、打架。如果此时，父母亲注意孩子的行为，陪他们一起看，并找准机会提出一些针对性的问题，例如"蚂蚁的身体有几部分？""蚂蚁的家在哪里？""蚂蚁为什么要搬家？"等。如果孩子回答不上来，也不要去指责孩子，而是鼓励孩子去发现知识，掌握知识。

孩子的兴趣与爱好是孩子最好的老师，让孩子再兴趣中了解自己、认识自己，做父母的再加以引导，让孩子的兴趣成为他们终身受益的成长点。

2. 创造活泼轻松又不乏智慧的家庭氛围

孩子的最开始的兴趣往往来自家庭，父母要善于利用家庭氛围来感染、强化孩子的兴趣爱好。历史上众多的中外名人都是因为小时候养成的良好习惯和兴趣而最终取得巨大成就的。

英国著名生物学家达尔文从小就喜欢花草虫儿，他的父母也很支持他，并鼓励他去这么做，他也以此为爱好，于是对昆虫知识的认识逐渐地增多了。后来经过他反复不断地钻研和锲而不舍的精神以及对自然的热爱，使得他成为了一名生物学家、博物学家。

3. 父母应在生活中为孩子创造良好的外部环境

模仿是孩子的天性，孩子一开始学习就是通过不断的模仿，然后经验积累到一定的程度之后，才会掌握一定的知识和技能。

战国时期的教育家孟子之所以后来是集大成者，与他的环境是密不可分的。孟母意识到环境对一个人的重要性，所以才有了"孟母三迁"的故事，因此在生活中，学习固然重要，但是学习的环境同样重要。

4. 孩子的兴趣爱好并不是永久不变的，随着时间的推移或生活的发展，孩子的兴趣会有所增加或扩充

作为一个孩子而言，天生好动的性格，见一种东西便会去喜欢一种东西。例如，看到人家玩乐器，小孩便喜欢玩乐器；看到人家捏泥人，便喜欢上玩泥人。一开始，家长很难把握孩子的兴趣所在，只有经过长时间的积累，才知道孩子到底对什么感兴趣。在这时，家长应该在适当的时候引导孩子，培养孩子的兴趣，让孩子真正找到兴趣点。

5. 生活中，父母要给予孩子鼓励和善意的表扬

对于孩子而言，父母的一句鼓励不仅仅是一句鼓励，而是孩子不断向前的动力，是孩子积极向前的推动器。鼓励与表扬并不需要多么的伟大，可以是一句话，可以是一块糖果，可以是父母给孩子的一个亲吻，孩子都

会牢记于心。事实证明，当孩子做错事的时候，换一种方式去鼓励孩子，效果会比直接批评的效果好得多。

6. 父母应该陪孩子做一些孩子感兴趣的事情

父母是孩子心中的偶像，孩子的很多行为都是学父母的。如果父母亲能陪孩子完成一件孩子感兴趣的事情，那他肯定会更加高兴。例如，孩子喜欢子玩沙子，父母可以陪孩子一起铲沙子，用玩具车把沙子装运到一个地方再卸掉，这样，既锻炼了孩子的动手能力，又培养了亲子关系。另一方面，当孩子对一些坏习惯比较好奇，而且有意模仿的时候，父母就需要对这种行为进行劝导。

7. 父母亲应该发现孩子的优势所在，从而重点培养孩子在这方面的才能

如果你的孩子很热衷画画，那就需要在画画上多引导他；如果你的孩子很喜欢音乐，那么就要在音乐方面给他创造一定的条件，例如买一些歌曲；如果你的孩子很喜欢跳舞，那么请买一些舞蹈视频给他。发现了孩子的优势，再去培养孩子的优势，这样孩子才能有所成就。

孩子的教育问题不仅是学校的问题，还包括社会教育、家庭教育，这三者构成了孩子教育的共同体，缺少任何一方的教育都可能使孩子走上一条不正确的道路。作为家长，应该始终牢记孩子的教育与自己息息相关，变体罚孩子为鼓励孩子，变控制孩子为体谅孩子，促进孩子身心健康发展。

教孩子自我激励法，看着镜子给自己加油

李渊今年 11 岁，是个懂事的男孩。他学习认真，成绩也不错。不过，他不怎么喜欢跟人打交道，因为他个子比较矮，为此很是自卑，生怕被人嘲笑。

随着年龄的增长，李渊的个性越发封闭，身高给他带来的自卑感甚至波及了生活、学习的很多方面。学校的演讲比赛，他不敢参加，因为担心被人嘲笑身高；班会发言，他也总是推三阻四，同样是怕别人嘲笑他个子矮。他几乎没什么朋友，因为他总觉得别人会在背后议论他的身高，笑话他。渐渐地，他的行为更加孤僻，大家也不怎么跟他说话。

李渊的情况引起了妈妈的注意，她很担心李渊。妈妈觉得如果不赶快纠正李渊的性格和自卑心理，他可能会越来越孤僻，影响学习和成长，甚至产生心理障碍。妈妈决定鼓励他从自卑的阴影中走出来，变得自信、阳光一些。

这天，妈妈把放学回家的李渊叫到了镜子旁，让他观察一下镜子里的自己。李渊只看了一眼就转过了头，他对妈妈说："你看我多矮，有什么好看的。"

妈妈却笑着对他说："傻孩子，你不要只想着你的身高问题，想想你的其他情况吧，比如说你的学习啊，成绩总是名列前茅，老师最近还跟妈妈表扬过你呢。现在，你再照照镜子，像妈妈说的那样，想想自己的其他事。"

李渊不情愿地转过头，开始观察并联想与自己有关的事。他突然发现，除了身高，自己其他方面还是优秀的。比如学习成绩不错，跳远成绩不错，

还会做不少家务活呢。这么想着，李渊突然不那么自卑了。他看着镜中的自己，脸上露出了笑容。

妈看到李渊笑了，语重心长地对他说："渊渊，你是不怎么高，这是事实。可是拿破仑也不高啊，照样是杰出的军事家。再说了，你还有其他的很多优点啊，刚才你也已经想到了吧。你不能只想到自己的缺点和不足，也该想想自己的优点。"

李渊不说话了，他在想着妈妈的话。

妈妈继续说道："你答应妈妈一件事好吗？以后每天早上出门前，你都来照照镜子，想想自己的优点，然后对着镜中的自己说：'你真棒！继续努力。'好吗？"

李渊郑重地点点头。从那以后，李渊像妈妈说的一样，每天早上他都会来到镜子前鼓励自己。渐渐地，他发现自己身上的更多优点。他已经不再为身高而自卑了，也不再像以前一样封闭自己，他交了不少朋友，比以前更自信、快乐了。

上述案例中，由于身高的问题，李渊感到自卑，个性也较为封闭，不愿与人打交道。在妈妈的帮助下，他意识到了自己的优点，还学会了在镜子前鼓励自己。这些都使得他比以前更加自信、坚强，也交到了不少朋友。

成长过程中，能学会自我激励的孩子并不多。这主要有以下两方面的原因：一方面，孩子在遇到挫折、感到自卑时，自己已经陷入负面情绪中，很难摆脱阴影，然后激励自己；另一方面，一些孩子过度依赖他人的力量，总是期待别人能帮助自己重建信心、振作起来，却没有学会用自己的力量来激励自己。久而久之，孩子要么过度依赖别人，学不会自立；要么自暴自弃，对自己没信心，也没有勇气。这些都不利于孩子自信乐观的性格的养成，也不利于他们的成长发展。

因此，在平时的生活中，家长要教孩子学一些自我激励的方法。对着

我很优秀，加油！

镜子鼓励自己就是一种很好的方法。不仅简单易行，而且快速有效。通过这种方法，孩子能对自己进行一个较为全面的观察和思考，发现自己的优点，尽快从自卑中走出来。以下是一些教孩子对着镜子鼓励自己的方法和建议，家长可以参考借鉴。

1. 教孩子对着镜子想想自己的优点

当孩子感到自卑时，家长可以让他们站到镜子前，试着观察、思考一下自己。可以让孩子对自己进行一个较为全面的分析，尤其要想想自己身

上的优点、被人夸赞过的地方等。比如，是否有人夸过自己漂亮，想想自己哪些科目学得好，哪些活动中拿过名次。这样一想，孩子就会从中得到勇气和信心，发现原来自己并没有想象的那么糟糕，还是有很多优点的，然后他们就会振作起来，恢复自信。

2. 让孩子每天对着镜子说一声"你很优秀"

当孩子对着镜子想象完自己的优点之后，家长就要教他们对着镜子进行自我激励了。比如可以教孩子每天都对镜子中的自己说些鼓励的话，比如"你很优秀，加油！""你是出色的，我看好你哦！"这类的话，并做些鼓励自己的动作，让自己充满活力和信心。如果孩子会感到不好意思，家长可以给他们一个单独空间来进行，或是让他们在心里对自己说这些话。这样做能较为快速地让孩子恢复信心和斗志，使他们更相信自己的实力。

3. 告诉孩子在自卑时想象站在镜子前

家长要注意的是，虽然对着镜子鼓励自己很有效，但孩子不可能时时刻刻都有条件站在镜子前鼓励自己，这就要求他们在自卑时能够想象自己站在镜子前鼓励自己的情境和心境。比如当孩子参加比赛却由于自卑而临阵退缩时，家长就可以让他们想象自己现在站在镜子前，想起了自己的很多优点，意识到自己是优秀的；当孩子因自卑而不敢与人打交道时，就要让孩子想想对着镜子给自己的那些鼓励，让孩子知道与别人相比自己并不差。只有这样，孩子才能真正通过镜子鼓励自己的方法让自己自信起来。

成长的过程中，永远不要说"我不行"

嘟嘟和强子已经上六年级了，他俩从小就是好朋友。但虽然两人从小一块长大，个性却很不同。

嘟嘟的爸爸对他要求很高，希望他能成为一个各个方面都很优秀的孩子。在爸爸的影响下，嘟嘟对自己的要求也很高。他从小就刻苦学习，因此成绩总是名列前茅。但嘟嘟并不满足，成绩稍有退步他就会郁闷，觉得自己表现得很不好，还经常说些"我不行""我怎么这么笨"之类的话。不仅嘟嘟如此，爸爸也是一样。一旦嘟嘟的表现不如意，他也会对嘟嘟严加批评，怪他不努力。当嘟嘟说自己不行、抱怨自己时，爸爸就更觉得嘟嘟不争气，不但表现不好，还一点儿斗志都没有。生气的他便会对嘟嘟发火，更加怪罪、抱怨他。时间长了，嘟嘟对自己也快没有信心了，甚至产生了自暴自弃的心理，觉得反正爸爸也认为自己很差，那干脆就不努力了。爸爸对此既生气又无奈。

强子的爸爸则不同，他为人乐观开朗，对强子也没有那么高的要求。强子在班里也是佼佼者，爸爸为此没少表扬他。有一次，强子没发挥好，数学成绩下降不少。回家后，他便对爸爸说自己很笨，简单的题没做对，他对自己没信心了。出人意料的是，强子的爸爸不但没有因为他的成绩下降而批评他，反而还鼓励他。尤其是强子否定自己的能力、说自己不行的时候，爸爸却不让他这么说，还说在爸爸眼里他一向是优秀的，这次只是没发挥好而已。只要努力，下次一定可以考得更好。爸爸还告诉强子："一定要相信自己。因为如果自己都觉得自己不行，那就没人会相信你的能力了。"这些都给了强子巨大的鼓励和勇气，他在爸爸的支持下一次比一次

自信、勇敢，是大家眼里坚强、自信的好学生。

最近，嘟嘟和强子都参加了学校里组织的数学竞赛。初赛中，两人都发挥得不太好，但勉强进入了复赛。嘟嘟觉得能进复赛已是勉强，自己应该是得不到名次的了。这种心理状态导致他复赛的成绩一塌糊涂。强子则凭着自己的自信和勇气获得了二等奖。

在成长过程中，孩子有时会遇到挫折与挑战。这时，他们可能会由于缺乏经验和勇气而认为自己不行，没能力做好。对此，很多家长都会觉得孩子不争气、没斗志，进而对他们发火，却没有用适当的方法鼓励孩子，阻止孩子的消极思想，告诉孩子他们是优秀的。久而久之，孩子很容易对自己失去信心，并把"我不行"这种消极的语言挂到嘴边，内心里也会否定自己的能力。这对他们的成长和学习来说都是不利的。

上述案例中，嘟嘟对自己没信心、认为自己不行时，爸爸不但没有鼓励他，反而对他发火、让他知道自己很失望，这导致嘟嘟总是认为自己不够优秀，缺乏自信；强子的爸爸则总是鼓励强子，并阻止他的负面想法，不让他否定自己。这让强子成长为一个自信、坚强的人。

在教育孩子的过程中，家长要注意体察孩子的情绪。当发现他们开始否定自己的能力、认为自己不行时，一定要及时阻止他们的这些消极想法，要用适当的方式告诉孩子，他们是优秀的，不要轻易对自己失去信心。只有这样，孩子才能从消极情绪中振作起来，变得自信、有活力，这对他们的成长发展也是很有帮助的。那么，家长应该怎样杜绝孩子说"我不行"呢？以下建议供家长借鉴。

1. 让孩子不要轻易否定自己

当孩子因感到自卑而说些"我不行"之类的话时，家长可以告诉他们，自己对自己的肯定是最重要的，如果自己都认为自己不行，说些丧失信心的话，那就没人会信任他们的能力说他们行了，更没人能有效地鼓励他们。意识到了这一点，孩子就不会再轻易地否定自己，也不会习惯性地说些"我不行""我很差"之类的话。此外，由于一些孩子在没有信心时，经常会通过说些否定自己的话来获取别人的支持和鼓励，因此，这样做在一定程度上也可以减弱孩子对他人的安慰和鼓励的依赖性。

2. 不要轻易否定孩子

孩子否定自己的能力、说自己不行，很大程度上是由于受到家长的影响。在他们没信心时，家长否定了他们的能力，甚至对他们说"你不行"。因此，不管孩子遇到什么困难，表现有多么糟糕，家长都不要轻易地否定

相信自己，你可以的

他们，更不能说些"你不行""我对你没什么期望了"之类的话。当孩子没信心时，家长应通过各种方法鼓励他们，使他们意识到自己的价值，恢复自信和斗志，摆脱消极情绪。

3. 告诉孩子不要轻易被他人影响

有时，孩子对自己的否定主要是受了他人的影响。比如当被选为班里的代表参加比赛，结果却表现不佳，看到班里同学失望的眼神或是听到一些别人对自己的消极评价时，孩子很容易由此否定自己的能力，认为大家都觉得我很差，那我一定是差了。对此，家长要告诉孩子，要相信自己对自己的判断，不要轻易被他人影响，不能因他人的不信任而否定自己的能力。要让孩子明白，自己才是最了解自己的人，别人的否定不代表自己真的不优秀。只有明白了这些，孩子才不会轻易否定自己，不会总说"我不行"。

4. 让孩子把"我不行"换作"我可以做得更好"

除了以上方法之外，家长还可以通过让孩子把"我不行"之类的消极语言换作"我可以做得更好"等激励自己的话。当孩子因挫折而否定自己，并在心里说"我不行"时，家长要及时给予鼓励，并教孩子把这类消极语言换掉。即使他们暂时还是难以振作起来，也要用有激励意味的语言换掉否定式的语言。在积极语言的不断暗示下，孩子的信心会逐渐复苏，信心会得到增强，从而慢慢恢复自信。

第四章

教孩子无私，
在分享中成长为有爱之人

学会分享，不让孩子走向自私

周末，妈妈带着小明去公园玩，他们看到了公园里的一个小朋友正在玩遥控飞机，小明对那小朋友投去了羡慕的眼光。妈妈看见了，对小明说："你也想玩吗？"小明点点头，说："想玩。""那你向那个小朋友借玩具玩一下吧。"妈妈对小明说，小明用疑惑的眼神看了看妈妈，摇了摇头说："他又不认识我，怎么会把玩具借给我玩呢？""你还没有向他借，怎么就知道他不借给你玩呢？"在妈妈的再三鼓励下，小明还是向那个孩子走了过去，一会儿，两个孩子就像是老朋友一样，在一起玩得很开心。

回家的路上，妈妈问小明："我看到你刚才玩得很开心，那个和你一起玩的小朋友也很开心吗？""他也很开心。"小明兴奋地回答。"他把自己的玩具给你玩，他怎么会开心呢？"妈妈又问小明。"因为如果他不跟我一起玩，他一个人玩也不会开心啊。"小明跟妈妈讲起了道理。"嗯，说得真好。当你有了新玩具的时候，你会不会给身边的小朋友玩呢？"妈妈顺势引导孩子。"会的，我一个人玩也会不开心的。"小明明白了道理。"是的，如果你能大方地把自己的玩具与朋友们分享，就像今天你和陌生的小朋友一起玩一样，那大家都会开心的。"妈妈鼓励了小明的想法。"我知道，就是有了快乐大家要一起分享，这样大家都快乐。"小明突然明白了，妈妈点点头。没过几天，妈妈就看到小明拿着自己的玩具与小区里的小朋友一起玩，妈妈微笑地朝小明竖起了大拇指，小明看见了，调皮地向妈妈做了个鬼脸。

在日常生活中，许多孩子都有这样的特点：非常霸道，占有欲很强，喜欢一个人玩，在游戏中经常把许多玩具放在自己的周围，并常常对那些企图玩自己玩具的小朋友说："这些玩具都是我的！你不能玩！"这样的孩子不会与他人分享。也自然体会不到分享的快乐。其实，造成这样的情况，大多数都是与家庭环境和家庭教育有着极密切的关系。只要父母从这些根源出发，对症下药，就能让孩子体会到分享的快乐，继而学会分享。

虽然，那些不喜欢分享的"小气"孩子并不少见，而且"小气"也不算是什么大的缺点，但如果一个孩子什么都不愿意与他人分享，独占意识很强，他就很难与别人形成良好的人际关系，这对于孩子今后的发展也有着极为不利的影响。让孩子学会分享，首要任务就是要让孩子体会到他在与他人的分享中获得快乐。久而久之，孩子就会主动与他人分享东西，也就养成了喜欢分享的良好的行为习惯。在生活中，如何培养孩子懂得分享的能力呢？

1. 不娇不溺，家人共享

父母不要溺爱孩子，也不要让孩子吃独食，这样娇惯中成长的孩子是不愿意与他人分享的。有的父母出于对孩子的爱，会把那些好吃的、好玩的全让给孩子，即使孩子想与父母分享，父母也会推辞，让孩子一个人独享。时间长了，逐渐强化了孩子的独享意识，孩子理所当然地把那些好吃的、好玩的占为己有。所以，父母千万不要娇惯和溺爱孩子，也不要以孩子为中心，甚至无限制、无条件地满足孩子的任何需求，而是让孩子学会感恩，学会把自己喜欢的东西拿出来与家人共享，让孩子体会到分享的甜头。

2. 不要对孩子特殊化

在平时的家庭生活中，父母要形成一种"公平"的态度，这对防止孩子滋长"独享"意识有积极的意义。父母教导孩子既要看到自己也要想到别人，懂得人与人之间相处是建立在平等基础之上的。让孩子明白好东西

可以与大家一起分享，不能只顾自己而不顾别人。

3. 让孩子在分享中互利

许多孩子之所以不愿意与别人分享，是因为他觉得分享了就意味着失去，这时候，父母应该理解孩子这种不愿意失去的心理，慢慢引导，让孩子明白分享并不是失去而是一种互利，分享体现了自己的大度与关怀，自己与别人分享了，别人也会回报自己，继而在分享中获得一种快乐。一旦孩子在分享中获得了互利与快乐，他就会乐于与别人分享自己的东西。

4. 鼓励孩子学会与他人分享

父母应该积极创造机会让孩子与其他小朋友一起玩，让孩子在与同龄孩子的游戏中变得大方，教孩子与人交往的技巧，帮助孩子养成关爱他人、谦让友好的行为习惯。另外，还要鼓励孩子与他人分享，当孩子表现出分享的行为时，父母应该给予及时的鼓励与赞赏，让孩子感受到分享的快乐，让孩子看到来自父母的肯定与认可。

乐于助人，养成爱帮助他人的好习惯

妈妈希望程程成为一个喜欢帮助别人的人，所以她在程程很小的时候就有意识地培养他乐于助人的习惯。一般情况下，程程在和妈妈上街之前都会在兜里装一些零钱，看到路边有人在乞讨，他就会走向前去把兜里的零钱分给他们。妈妈希望豆豆有同情他人的意识，所以，她总是鼓励程程这样的行为。程程坚持要自己亲手把钱给乞丐，直到兜里掏空了为止，偶尔他还会在妈妈的外衣口袋里掏到一些零钱。看到孩子想要帮助那么多人，妈妈感到非常欣慰。

有一天，程程还没有进家门，就嚷着："我饿了，好饿，妈妈有什么好吃的没有？"妈妈从厨房给程程拿来了面包和牛奶，程程狼吞虎咽地"消灭"了。妈妈很不解："中午没有去食堂吃饭吗？早上爸爸把钱给你没有？""早上爸爸给我钱了，他没有零钱，还给了十块呢。"程程喝了一口牛奶说道。"那怎么看你好像没有吃中午饭？"妈妈好奇地问道。"班里小胖同学生病了，可严重哩，同学们组织捐款，我就把钱交上去了。我觉得捐得比较少，明天我再捐点。"程程回答着，已经吃完了东西。妈妈拿来了一个苹果："嗯，行，就把你存钱罐里的钱整理了捐出去吧。"没等妈妈说完，程程就跑去找自己的存钱罐了。

每个人的生活都是由与他人的相互交往所构成的。主动帮助别人，就是要求我们学会理解别人的处境、别人的情感和需要，并且随时准备去帮助别人，从行动上去关心别人，与他人建立和谐友好的人际关系。从小就培养孩子主动帮助别人的良好习惯，这对孩子未来具有高尚的品质以及健全人格有着极其重大的影响。被世界誉为最聪明的犹太人，他们就非常崇

尚帮助别人的美德，而他们的小孩也从小就被灌输主动帮助别人的思想。

在现实生活中，许多孩子都不善于理解别人，也没有主动去帮助别人的意识，这其实是家庭教育的缺失。大多数父母认为孩子还很小，自己尚且需要帮助，他根本没有能力去帮助别人。其实父母的理解有很大的偏差。孩子虽然在心智上还没有成熟，但是他们已经有了简单的动手能力，年龄稍微大一点儿的孩子完全可以独立去完成一件事情。所以，父母应该给孩子锻炼的机会，有意识地培养孩子乐于助人的良好习惯。

1. 让孩子成为家里的"小帮手"

一位妈妈的手受伤了，无法干家务活，而爸爸又外出了。于是，在家里的孩子通过询问妈妈的方式动手熬了稀饭。其实，家里的一些简单家务活是难不倒孩子的，不过父母需要注重教育方法，不要强行要求孩子去做，而是循循善诱，让孩子学会主动帮忙，成为家里的"小帮手"，继而肯定孩子的行为，这样孩子会认识到帮助别人的同时，自己也体会到了快乐。

2. 营造温馨的家庭环境

教育专家指出，如果孩子长期生活在一个温馨的家庭里，他就会乐于助人，更愿意为他人着想，也更容易同情别人。所以，父母应该积极为孩子营造温馨的家庭环境，经常鼓励孩子主动帮助别人。在这样一种家庭环境下，孩子是很容易主动去帮助别人的，因为他的心里充满了爱。

3. 父母要以身作则

要想教孩子主动去帮助别人，最关键的是父母要以身作则，为孩子做好榜样。在孩子面前，父母要尽可能地表现得体贴大度，常常主动帮助别人，不仅教导孩子主动帮助别人，还要把这样的观念渗透在言行中。如果父母只是教育孩子帮助别人，自己却言行不一致，那么孩子就会模仿你的行为，教育也就失去了效果。

4.鼓励孩子去完成一些任务

父母应该让孩子多参加公益活动，比如植树、除草，同时，鼓励孩子帮助居取牛奶、拿报纸，让孩子在事情本身中感受乐趣。父母还可以鼓励孩子去做一些有益的事情，比如照顾小妹妹，或者帮助小弟弟制作玩具，这可以培养孩子主动帮助他人的品质。当然，有时候孩子并不是自发地去做这些事情，这时候就需要父母不断地鼓励孩子去完成一些任务。

我们一起来植树

培养共情力，设身处地为别人着想

下课铃响了，老师刚刚宣布下课，小林就急急忙忙朝教室外跑去，不小心撞到了走在他前面的同学朱朱。朱朱很恼火，因而当即生气地质问小林："你没长眼睛啊，这么撞我！"小林看起来一脸内急的样子，对朱朱说："对不起，我着急上厕所。"不想，朱朱依然不依不饶："非得把屎尿都憋成这样才上厕所，早干吗去了！真是猴急猴急的，老师就不该下课，让你继续憋着！"听到朱朱的话，小林也不由得生气起来，愤怒地说："你可真恶毒，下次就该轮到你拉裤子了！"就这样，小林非但没有上厕所，反而与朱朱你一句我一句地吵起来，还推推搡搡地开始动手。

其他同学赶紧把老师喊来，知道小林内急，老师让小林先去上厕所，回来再处理问题。得知事情的始末后，老师先是教育小林以后走路要小心，接着又问朱朱："你受伤了吗？"朱朱摇摇头。老师说："班级里这么多同学，偶尔有同学着急，不小心碰到是难免的，你应该学会设身处地为同学着想啊！如果是你内急，你是不是也会因为着急而出现碰到其他同学的情况呢？"朱朱不以为然地说："我才不会这样呢。我会提前上厕所，不会等到憋不住的。"老师追问朱朱："你能保证自己绝对不会出现这样的情况？"朱朱点点头。老师反问："那么，如果你喝多了水，或者闹肚子呢？"朱朱显然没有预料到这样的情况，因而一时之间不知道该说什么。老师语重心长地对朱朱说："每个人都会遇到紧急情况，与人方便就是与己方便，不要总是揪着别人的错误不放，而要更加体谅别人，这样当你也遇到危急情况的时候，才不会抓瞎啊！"老师的话让朱朱陷入沉思。

的确，如今有很多孩子都缺乏共情能力，他们平日里接受父母的照顾，但是在父母生病之后，却依然对父母颐指气使，抱怨父母不能继续照顾自己。不得不说，这样的孩子是非常自私的，他们不能共情主要是因为自私，不能体谅他人。在这种情况下，父母要多多引导孩子，也要学会向孩子示弱，求助于孩子，这样才能有效地培养孩子理解和体贴他人，帮助孩子经营好人际关系。

要提升孩子的共情能力，除了要在生活中经常求助于孩子，索取孩子的帮助之外，父母还应该采取哪些方法呢？

1. 创设很多情境

父母多创造一些清净，让孩子假设自己是某种情境的主角，从而帮助孩子设想自己如果置身于某种情境会怎么想、怎么做。渐渐地，当以这种方式丰富了自身的感受，在发现他人处于这样的情境之中时，孩子就能够更好地为他人着想了。

2. 引导孩子多观察

引导孩子敏感地体察他人的情绪变化，对于提升孩子的共情能力也有好处。很多孩子并非不愿意为他人着想，只是不能敏感地捕捉他人的情绪，所以导致感觉迟钝，也忽视了他人的情绪和需求。如果父母引导孩子敏锐觉察他人的情绪变化，孩子在这个方面的表现就会有很大的进步。当孩子拥有共情能力，就会对他人的经历感同身受，也会更主动地帮助他人，安抚他人的情绪，这对于孩子理解和体谅他人，控制好自身情绪，以及卓有成效地帮助他人，都是大有裨益的。

有爱的孩子，懂得主动安慰他人

一直以来，小叶都是个直脾气，说起话来总是直来直去，为此不知道无意中得罪了多少人。在一次考试中，小叶的同桌飞宇因为没有好好复习，成绩一落千丈，下降了很多个名次。飞宇生怕回家被爸爸妈妈骂，担忧不已。前后座位的同学都在安慰飞宇呢，有的说："飞宇，你就算成绩下滑了，也考得比我好。"有的说："飞宇，下次认真复习，名次马上就上来了。"还有的说"飞宇，一次失败不代表什么，继续努力就好。"只有小叶直截了当地说："飞宇，你考试不好就是活该，谁让我那天提醒你复习，你不以为意呢。"飞宇狠狠地瞪了小叶一眼，没有接话。

常言道：人生不如意十之八九。在现实生活中，几乎人人都有自己的烦恼，因为没有任何人的人生是绝对平顺的。很多父母都抱怨生存的压力太大，肩负着沉甸甸的担子，实际上，不仅成人觉得生存艰难，孩子也同样面临巨大的压力。为了不输在起跑线上，很多孩子都在父母的安排下参加各种补习班，与此同时，他们还要兼顾学校里的学习。

当然，孩子的生活中也并非只有学习这一项，很多时候，孩子也要面对方方面面的苦恼，诸如与朋友之间的小小争执，在比赛中没有取得好名次，或者是父母经常吵架，常常在一起玩的邻居小朋友要搬家等，这些事情都会在孩子的心中激起涟漪，也会给孩子带来很多困惑和烦恼。每当这时，孩子都需要安慰，也需要他人的支持和鼓励来度过艰难的人生阶段。

当然，凡事都是相互的，不仅孩子需要得到其他小朋友的安慰和鼓励，其他小朋友也同样需要安慰和鼓励。因而孩子不仅要敏锐地觉察到自身的情绪需求，也要意识到其他小朋友的情绪变化和心理状态的改变。唯有如此，孩子才能主动关心他人，也给予他人恰到好处的安慰。当然，安慰他人的时候，孩子还需要注意一点，那就是安慰要讲究方式方法，也要把握合适的时机。否则，不合时宜的安慰只会让人感到难堪和尴尬。

小叶尽管说出了真相，也的确是为了飞宇好，想让飞宇吸取教训，但是他说话的方式却不得当。原本飞宇就因为没考好正在忧愁呢，小叶的话无异于火上浇油。而其他同学所说的，如"飞宇，你就算成绩下滑了，也考得比我好"，则能有效地安慰飞宇，也让飞宇意识到自己要想更加出类拔萃，必须非常努力，否则就会和成绩很差的同学在一个队伍中了。

所以，安慰人是一个技术活儿，也是需要方式和方法的。

1. 设身处地为对方着想

安慰他人的时候，首先要设身处地为他人着想，一定要避免做出火上浇油的事情，以免加剧他人的痛苦。常言道，人非圣贤，孰能无过。现实生活中，每个人都会犯错误，最重要的不是逃避错误，而是在错误的基础上积极地思考，改正错误，让自己得到提升和进步。常言道，会说说得人笑，不会说说得人跳。在日常生活中，父母要多多提醒孩子注意讲话的方式方法，把话说到他人的心里去，也让他人心甘情愿接受劝诫，这才是与人交流的最高境界。

2. 父母要教孩子安慰人的技巧

安慰他人尽管是好事情，不会说话的孩子却会不小心在他人的伤口上撒盐，从而导致人际关系恶化。父母唯有教会孩子说话的技巧，让孩子掌握安慰他人的精髓，孩子才能把安慰的话说得恰到好处，从而与他人建立良好的关系。

吾日三省，看清缺点才能积极改进

强强马上就要上初中了。真是名如其人，他是个"猛男"型的孩子，身强力壮，而且有个最大的特点，也是他的缺点，就是非常容易冲动。

从小学一入学到现在快毕业，用强强妈妈的话来说，就是来告状的家长和孩子都快把家里的门槛踩破了。强强就是这样，总是容易惹是生非，出门不一儿就和别人闹了矛盾，三句话不合，甚至会动手打人。妈妈多次告诫他，可是他却不听。挨了批评，他还振振有词地为自己辩解，说不是自己的错："不是我的错，谁让他先惹我来着！"

爸爸总说强强就是被宠坏了。小时候，他在家说一不二。由于是独生子，所有人都对他迁就忍让，而且是疼爱有加，所以他对"错误"二字是没有什么概念的。尽管随着年龄的增长，他的蛮横有所收敛，但是暴躁的脾气却是一时无法改正了。新学期开始不久，强强又和同桌闹别扭。这次的起因很简单，因为强强的作业出现一道错题，在交作业前，强强要和同桌对答案，可是同桌不愿意，强强无奈，只好自己做了，然后交了作业。结果，出现了错题，老师罚他把原题多做几遍，强强就觉得老师给了他难堪，而这一切的原因就是同桌没有帮他。因此，两个人吵了起来。

"爸，你跟我们老师说说，帮我换座位好不好？"因为强强的班主任是爸爸的同学，强强想通过班主任的帮助来解决矛盾，顺便给同桌点"颜色"看看。

"为什么？"爸爸很奇怪。"没什么，就是不喜欢和他坐了。"强强顺口说道。

"要换座位总得有个理由吧，你不会是又惹什么事了吧？"爸爸狐疑地看着强强，"你说，怎么了。你要是不老实说，我肯定不会帮你。"

没办法，强强只好和盘托出。爸爸听后严厉地批评了他。

"强强，明明是你的错，你为什么看不到呢？你这种做法很不好，遇事要多从自己身上找原因，你这样怎么行？一个不会反思自己的人是永远不会进步的！"

听了爸爸的话，强强心里还不服气，还在执拗地想："不是我的错。"

上述案例中的强强是一个典型的不服输也不服气的孩子，做事总以为自己是对的。就像强强爸爸所说的，遇事要多从自己身上找原因，要学会反思自己，这样才能找到自身存在的问题，及时改正，才可以不断进步，最终走向成功。一个不会反思的人是不会成功的。曾子曰："吾日三省吾身：为人谋而不忠乎？与朋友交而不信乎？传不习乎？"由此可见，即使是圣贤也会犯错，行事必须谨慎仔细，人非圣贤孰能无过，更何况是平常人呢？一个人不断进步的根本原因，不在于他有多么聪明，而在于他能及时改正自己的错误和缺点，不断地完善自身。这样才越来越接近成功，才会在奋斗的道路上越走越远。"以人为镜，可以明得失。"一个人最好的写照就是自己，而自己的行为就是一个人品行的最真实写照。所以，要想更好地认识自己，就要从审视自己的行为开始。这种审视，就要抱着一种反思、检讨的态度，找出自己存在的问题，及时改正，才能不断进步，迈向成功。作为家长，一定要培养孩子自我反省和自我检讨的意识，而真正要做好这个自己给自己"挑毛病"的工作却是很不容易的。这里有几点建议供各位家长参考，希望能对家长们有所帮助。

1. 教孩子敢于直面自己的行为

要让一个人检讨自己的行为，对自己的所作所为进行反思，其实是很困难的。每个人都不愿意至少不乐于低头认错，不愿意承认自己的行为是错的，孩子更是如此。要想反思检讨，就必须克服心理上的难关。家长要教孩子敢于直面自己的行为，要能够有检讨的勇气。这是一个战胜自我的过程，也是非常关键的步骤。只要孩子能够克服自己内心的障碍，做到坦然面对功过是非，那就是伟大的成功。

2. 教孩子反思要有恰当的方法

如果孩子做错了事，家长可以用两种办法来告诉孩子：第一种方法是直接告诉他是错的，并且非常严厉地惩罚他，勒令他必须改正；第二种方法是委婉并且礼貌地告诉孩子这种行为是错的，让孩子自己意识到错误，然后进行思考，最后再作出选择。这两种方法，自然是第一种简单省事、方便易行，但是效果如何呢？可能很多家长都有这样的经历：即使天天批评，可是孩子还是我行我素、屡教不改。根本原因在于孩子没有意识到自己错误的本质，而且严厉的方式更容易激起孩子的逆反心理，让孩子更不会静下心来反思自己了。所以，家长要采用恰当的方式。比如孩子今天和别人打架了，家长可以采用讲故事的方法，把孩子亲历的事当作一个不相干的人发生的事，让孩子作为一个旁观者来判断是非，既采用了孩子喜闻乐见的方式，又很好地顾全了孩子的面子，更重要的是不会让孩子带着情绪来审视自己的行为，这样可以作出一个更加公正客观的评判。方法很重要，因为它关系到孩子接受的态度。所以，家长要注意方法，不要采用过激行为。

3. 检讨后要帮助孩子及时改正

让孩子不断反省、检讨，不仅仅是为了让孩子认错，更重要的是要找到孩子成长过程中存在的问题，并且能够及时改正这些问题，让孩子更加完美。所以说，家长的重点应该放在孩子是否改正了问题，是怎么样来改正的。家长更应该给孩子行为上一些指导性的建议，让孩子的成长步入正轨。另外，家长还要提醒孩子注意：不管是检讨还是反思，都只是针对某种具体的行为，而不是针对孩子本身。所以，孩子应该对这种批评抱有正确的心态，要理解家长的出发点都是好的。孩子也应该从自己一次次犯的错误中找到问题的本质，积累成长的经验，这样才能让成长之路更加顺畅。

融入集体，学会从团结中获得力量

　　班里最近组织篮球队，个子较矮的小飞成了后卫，每天训练回来都是一脸神采，忍不住在爸爸妈妈面前夸耀班里的篮球队。可是，这两天小飞却愁眉苦脸，一点儿精神都没有。"小飞，你们班的篮球队解散了吗？爸爸还想去看看你们的第一次球赛呢。"爸爸好奇地问道，小飞摇摇头，却不说话。妈妈特意打电话询问了老师，原来小飞在训练过程中与中锋田田发生了不愉快，这些天小飞正闹着要退出篮球队呢。哦，原来这孩子与同学闹矛盾了，小脾气又上来了。妈妈有了主意，趁着小飞放学的时候，妈妈去观看了班级的篮球训练。回家路上，妈妈假装无意地说："看你们班的篮球训练还行，但隔壁那个班级看起来好像更厉害。"小飞不屑地看了妈妈一眼："那是因为我还没有上训练场。""可是，你一个人能敌过一个篮球队吗？篮球队就是一个团体，隔壁班前锋、中锋、后卫都配合得很好，所以，他们的总体实力看起来很强。"妈妈细心地分析，这话说到了小飞的痛处。妈妈也没有继续追问，而是直接指出问题："小飞，妈妈知道你可能觉得自己受了委屈，但是如果你能够团结整个球队，把个人的感情抛开，那么胜利一定是属于你们班的。"小飞没有言语，不过陷入了沉思。

　　第二天，小飞又开始了训练，劲头比以前更足了。妈妈和爸爸不断地给小飞打气，偶尔，妈妈也会去训练场观看他们训练，她感觉小飞与田田和好了，不时还会打打招呼。过了一个月，小飞所在的篮球队迎来了第一场比赛，小飞的爸爸和妈妈都去现场观看了，经过一番激烈的比赛，小飞所在的篮球队赢得了小学队的冠军。庆功宴上，小飞亲热地搂着田田照了

一张照片，并把这照片放在自己的床前，原来两个小男孩早成了好朋友，妈妈则把这照片命名为"团结"。

无论是在家庭这个小集体里，还是在学校或者社会这个大集体里，父母都应该教孩子学会团结，学会从团结中获得力量。团结是一种巨大的力量，它让孩子学会了如何处理与同学之间的关系，让孩子懂得以友好的态度去拥抱队员，更让孩子懂得如何与人相处。有的孩子在家里习惯以自我为中心，到了学校这个大集体里，就显得无所适从，与同学相处不好，游戏、活动、竞赛，他也因为种种原因而不参加。实际上，孩子的交往能力已经受到了阻碍，这时候父母应该让孩子明白，只有团结才能把事情做好，只有团结才能让集体充满温暖与快乐。

教会孩子学会团结，就是帮助孩子在团队里立足，最关键的是，让孩子除了表现自己，还需要有一颗成人之美的心，这样才能和谐处理队员之间的关系，这一些都需要父母告诉孩子。在平时的生活中，父母要多给孩子一些锻炼的机会，让孩子学会体贴别人，学会宽容待人。父母应该让孩子知道每个人都是有自己个性的，对事情也各有不同的想法，而不是一味地要求别人与自己一样，让孩子懂得欣赏别人，学会肯定别人。如何教导孩子懂得团结的重要性呢？

1. 在家庭中渗透团结的意识

家庭也是一个小集体，如果父母参加类似家庭聚会这样的活动，不妨带着孩子去，不要因为孩子小而拒绝他参与大人的活动。比如，父母在外出游玩或拜访亲友时可以带上孩子，这会让孩子产生一种集体感，体会到与家人在一起的快乐。父母也可以邀请同龄的爸爸妈妈参加家庭聚会，通过参加各种家庭游戏，让孩子体会到团结的力量。

2. 鼓励孩子参加集体活动

在学校有许多课外活动，即使在假期也会有夏令营这样的活动，父母应该积极鼓励孩子多参加集体活动，让孩子在与同龄孩子的相处中，感受团结的幸福与快乐。如果孩子在相处过程中要了小脾气，脱离了集体，这也让他尝到了不团结相处所带来的失落感。父母不要太过于担心孩子，也不要制止他与同龄伙伴的来往。如果强行要求孩子待在家里，就会让孩子失去与他人相处的机会。

3. 引导孩子与同学和睦相处

在学校，每个班级都是一个集体，有时候，孩子会抱怨"某某同学不好相处"。这时候，父母要正面引导孩子，让孩子明白他所处的环境是一个集体，里面的每一位同学都是自己的队员，引导孩子与同学和睦相处，懂得团结同学，增强班级荣誉感。

4. 让孩子懂得欣赏他人

在班级中有许多优秀的同学，孩子会感到羡慕，甚至是嫉妒。因此，父母既要鼓励孩子勇敢地表现自己，同时，也要让孩子懂得欣赏他人的长处，学会肯定他人的优点。即便孩子与同学有了意见上的分歧，父母也要引导孩子懂得每个人的个性是不一样的，自然想法也就是不一样的，学会认可别人的意见与想法，宽容对待班级的每一位同学。

对于别人的帮助，懂得感激与回报

生活中，很多家长都没能教会孩子懂得感谢别人的友善和帮助。这主要有以下两种原因：首先，孩子年龄小，很难自发地去懂得感激别人的友善和帮助；其次，一些家长对孩子过于宠爱，对他们的要求总是尽量满足，导致孩子任性自大，以自我为中心，甚至觉得别人为自己做事是理所当然的，也就不会产生感激之情。长此以往，孩子很难明白感激的重要性，对于别人的友善和帮助很难表达出感激，这对他们的人际交往是很不利的。

李伟和成成都是四年级的小学生，两人是同班同学，也是很好的朋友，从小一块长大，经常在一块玩耍。

升入四年级之后，数学知识比以前复杂了，还有不少需要发挥想象力的几何知识。这可让基础不太扎实的李伟犯了难，很多知识，他都没搞懂。课堂上听不懂，作业题也有很多不会做，总是跟不上大家的节奏，成绩落后不少。这些，成成都看在眼里，很为李伟着急。一有时间，成成就会给李伟补习功课，耐心地给他讲解那些不会做的题目，还做了不少模型来帮他理解几何知识。在成成的帮助下，李伟的成绩有了显著的提高。爸爸妈妈很是开心，还让李伟好好感谢成成。李伟却觉得朋友之间互相帮忙是应该的，用不着感激。

不久，李伟得了重感冒，请假回家休息。成成马上去李伟家看望他。李伟告诉成成，自己担心数学会再因生病而落下，所以希望成成能够每天抽点时间来家里为他补习。没想到成成却很为难，他告诉李伟，自己一向喜欢弹钢琴，妈妈最近为他请了一位家教，每天放学后都得上钢琴课，所以很难再来为李伟补习，希望他能理解。听到这话，李伟便有些生气了，他觉得身为朋友，在自己困难的时候却不帮助自己，太不够意思，这种朋友不值得交往。他对成成发了脾气，成成沮丧地离开了。

李伟把这件事告诉了妈妈，并说对成成很失望。没想到，妈妈听完后却很冷静，她对李伟说："孩子，依妈妈看，这件事成成并没有错，错的是你。"

这让李伟大吃一惊，他不禁问妈妈为什么这么说。

妈妈说："你想想，即使是最好的朋友，也没有帮助你的义务啊。人家肯帮你，那就是对你好。可是你呢，丝毫不懂得感谢人家。你看上次，成成帮了你那么大的忙，你却什么都没有表示，连声谢谢都没说。这次，你有困难，可他自己也有难处啊。要体谅他，不能要求别人无条件为你做这做那。你要学会感激和体谅。"

听了妈妈的话，李伟不禁低下了头。是啊，他真的没有对成成表达过自己的感激，却总是要求人家帮自己忙，甚至要求他改变自己的计划。李伟意识到了自己的错误，并向成成道了歉。两人很快和好了，李伟也从这件事中知道了感激的重要性。

上述案例中，李伟在与成成相处的过程中，虽然帮了自己很大的忙，却没能学会感谢，从来没有对成成表达过感激，还要求他为自己做更多的事，一旦不如意就发脾气。在妈妈的劝解下，李伟意识到了自己的错误，与成成和好如初，也由这件事意识到了感激的重要性。

身为父母的，只有教孩子学会感激他人的友善和帮助，他们才能真正明白感激和帮助他人的意义，才能顺利地表达出自己的感激之意，才能与人和睦相处，逐渐成长为一个拥有感恩之心的好孩子。这对他们未来的发展来说也是很重要的。因此，家长在平时的生活中一定要培养孩子时刻拥有感谢他人之心，让他们学会感激别人的友善和帮助。以下是一些相关建议，家长可以参考借鉴。

1. 让孩子明白别人的帮助并非义务

一些孩子之所以对别人的帮助无动于衷，没有感激之情，是由于他们以自我为中心，甚至觉得别人为自己做事、帮自己的忙是理所当然的，不需要感谢。对此，家长要告诉孩子，除了职责所在之外，别人帮自己的忙并非义务，是应该感激的。比如当同学为自己解答了题目，即使没什么实质性的表现，至少应该说一声"谢谢"来表达自己的感激。只有让孩子明白了这一点，他们才会知道别人的帮助的可贵性，才会去感激别人的付出和帮助。

2. 让孩子感谢别人对自己的帮助

想让孩子懂得感激别人的友善和帮助，家长自己要做好榜样。生活中，当接受了别人的帮助之后，家长要表示自己的感谢。尤其是孩子帮了自己的忙之后，更要感谢他们。比如孩子帮自己做了家务之后，要对他们表达谢意。这样做会让孩子明白，即使是家人帮了自己的忙，也应感激。由此他们就会明白感谢的意义和重要性，在生活中学会感激他人的付出和帮助。当然，家长也可以通过参与孩子的报恩活动来进一步教他们学会感谢之心。

3. 让孩子明白及时帮忙也是一种感谢

除此之外，家长要让孩子明白，感谢并不仅仅包括说谢谢等行为，待人友善并及时帮忙也是一种回报，也是感谢的一种表现。家长要让孩子学会，生活中接受了别人的帮助之后，不仅要及时表达谢意，也要学会以同样的友善和热心来回报。不管是谁遇到困难，都要及时出手相助，这是感谢的一种表现，也有助于与人之间的交往和社会的发展。

4. 提醒孩子不能仅为感激和回报而帮助他人

虽然懂得感谢和回报很重要，但家长同时要让孩子明白：不能为了得到别人的感激和回报才去帮助他们。家长要告诉孩子：与人友善、热心帮忙是对自己的要求，是应该做到的事，不应该有所目的。不管那人有没有帮助过自己、会不会给自己感谢和回报，都要对他友善，他遇到困难时要及时相助。只有这样，孩子才能真正明白感恩的意义，才能成长为一个懂得感激和帮助他人的孩子。

投桃报李

对话

倾听

合作

礼仪

老师好

第五章

学会沟通，
孩子的成长离不开有效社交

善于沟通的孩子，成长过程更加幸福

沟通指在一个固定的环境下，孩子借助语言、符号、手势，向对方传达自己的观点。在这个过程中，孩子要理解对方的话，然后糅合自己的观点与对方进行交流。简单来说，沟通是一个交流并且交换信息的过程。

沟通的意义有以下两点。一、通过沟通，孩子可以获得自己想要的信息，顺利地完成自己的学习和工作任务。比如向老师请教问题。另外，孩子还可以通过沟通把自己的想法传递出去，让对方理解自己。二、改善孩子的人际关系。善于沟通的孩子，人际关系更和谐，遇到困难的时候会得到他人的帮助。

暑假，已经 11 岁的小月报名了野外夏令营。这个活动要持续一周。

第一天，大家找到了各自的营地，开始搭帐篷。好在爸爸教过小月如何搭帐篷。在小月的指导下，他们的帐篷顺利搭好了。

第二天，大家要出去寻找藏起来的食物。

小月说："我们分几个小队吧，一些人找食物，一些人找柴火，一些人负责看守营地。你们觉得呢？"

舒雅说："我不舒服，不想去，留在营地等你们吧。"

舒雅总是喜欢偷懒，每次干活她都找借口，大家见怪不怪，但都不开心。

大云说："你怎么老是这样啊？每次都找借口，早知道就不带你来了。你知不知道，你这样很讨厌啊。"大云是个急脾气，有时候说话不太顾及别人的感受。一时间，大家没搭话。舒雅变了脸色。

小月说："舒雅，大云是个直肠子，你别生气。如果你真的不舒服，你就在这等我们吧。但是我不希望你是找借口偷懒，毕竟这是集体活动。既然你选择和大家一起玩，就不应该偷懒，对吧？"舒雅低下了头。

没等舒雅说什么，大家就组建了队伍，出发了。

大云说："我也知道我这人不太会沟通，可一时半会儿改不过来了。舒雅实在是太气人了，老这样。"

小月说："嗯，我知道。但是大云，说话也要讲究艺术呀。"

上个案例中，大云心直口快，不懂得沟通的技巧，有时候会伤害到他人。生活中，这样的人不在少数。沟通时，语言婉转悦耳，事情就会完成得很顺利，反之就会受到阻碍。

沟通是维系彼此感情的存在，孩子想要与他人顺利沟通，就要提高自己的个人修养，完善自己的知识结构。不擅长沟通的孩子不能与他人很好地协作。孩子不可能完全独立地生活，一定要和其他人有所接触。如果孩子拥有良好的沟通能力，就能收获理想的人生，获得幸福的生活。

在这里，有几点家教建议供家长参考：

1. 帮助孩子划分沟通的对象

划分沟通对象的类型是良好沟通的基础。面对不同的沟通对象，孩子应采用不同的沟通方式。首先，对方的身份要弄清楚，是老师、长辈还是同学。然后，弄清楚这个人是什么性格，例如性格豪爽的人不喜欢拐弯抹角，与其沟通就要直接切入正题；性格温和的人说话较慢，语言比较婉转，孩子与其沟通就要放慢语速，表达委婉一些。

另外，孩子要清楚自己的沟通目标。比如和家长、同学沟通是为了促进感情，和老师沟通是为了学习。沟通的时候不要涉及对方的隐私，不要和对方发生冲突，有不同意见的时候要理清头绪，好好沟通。某些涉及个人私事的问题，在沟通的过程中不要刨根问底。

2. 教孩子借鉴他人的沟通技巧

孩子会遇到形形色色的人，有擅长沟通的人，也有腼腆不善言谈的人。

孩子可以学习他人的沟通技巧，并将之运用到自己与他人的沟通中。

擅长沟通的人，在沟通的过程中会察言观色，通过一些小细节了解对方喜欢的沟通方式，用对方喜欢的方式与他沟通会获得更满意的效果。学会沟通对孩子未来发展有极为重要的意义，擅长沟通的孩子，其成功的概率更大。

3. 尊重对方

孩子的生活圈子一般都是一个小团体，要想在一个团队中沟通顺畅，就要做好准备。比如提前找一些有意思的话题，了解对方的喜好和性格，然后有针对性地进行沟通。

在团队中应该用什么方式讲话，该说什么话，孩子都要心中有数。沟通的过程中，孩子必须尊重团队中的成员，不管他在团队中负责什么事务。

尊重他人就是尊重自己。与对方商量合作内容之前，孩子要提前调查对方的情况，了解对方的喜好。在沟通的过程中，沟通对象会感受到孩子的诚意，进而会对孩子产生好感，沟通会更为顺畅。

培养合作精神，万事不能只想着表现自己

星期六下午，妈妈应儿子的"邀请"，去学校助战他的足球比赛。比赛进行得很激烈，但遗憾的是，最终儿子所在的班队以零比二输给了对方。

回家的路上，儿子有些气愤地说："他们都不给我传球！我们一次进攻都组织不起来！我好容易拿次球，可对方配合又那么好，都找不到机会射门。"

妈妈笑了笑："不知道你有没有从自己的话里找到这次失败的原因呢？"

儿子一愣，妈妈继续说："我知道，你们都想赢，可是你们班的同学显得太急躁了，而且都很突出个人表现；但对方班级的同学却很讲究团队合作，他们之间的传带配合很默契。团队合作得好，才是他们取胜的最大法宝啊！"

儿子紧皱了眉头，陷入了沉思，接下来的一路上，他都没再说话。等刚进了家，儿子就对妈妈说："妈妈，能把您刚才说的再给我说一遍吗？下星期一，我这个队长要给大家开一次会，好好讲讲团队合作。"

现今的家庭独生子女偏多，为了让孩子在未来能居于不败之地，我们也会千方百计地培养他各方面的能力。可是，很多父母却忽略了对孩子团队合作能力的培养，结果，孩子学会了表现自己，只想让自己显得与众不同，但却越来越不擅长与人他合作。

如果一个人缺少团队合作意识，那么仅凭单打独斗，是不可能有太大发展的。正所谓"人心齐，泰山移"，现今社会更多的工作是靠团队协作来完成的，如果孩子没有合作能力，不但很难发挥出自己的特长，也无法享受团队成功所带来的成就感。

所以，我们不要只想着让自己的孩子"出人头地"，应该尽早训练他学会与人合作，增强他的团队意识。这样，孩子才能更好地融入一个集体，

并在其中发挥自己的光和热，而只有在集体中展现出自己的价值，他才能体会到合作的乐趣。

1. 在生活中培养孩子的团队意识

在家庭生活中可以通过立规矩来培养孩子的团队合作意识，就像下面这个小故事：

家里大扫除，妈妈安排好了任务：爸爸清洁厨房与卫生间，妈妈整理大卧室与客厅，9 岁的女儿则主要打理自己的卧室。妈妈说："以后这就是咱们家大扫除的规矩。让我们发挥团队合作精神，一起把家收拾干净吧！"

女儿好奇："搞卫生还有团队精神？"妈妈笑笑说："当然。我们全家三口人，每人都掌管着一片卫生区域，无论谁做不好，都不能算是一次成功的大扫除。你说，这是不是团队合作啊？还有，各司其职就是我们要遵守的最好的规矩。"

女儿恍然大悟："还真是，看来我也得好好收拾收拾我的屋子了。"

团队合作在生活中有很多体现，所以平时我们可以对孩子多加锻炼。除了事例中这种全家集体大扫除之外，我们还可以全家集体到超市购物，列一个清单，然后每人负责拿几样东西，直到买齐所有物品为止；或者和孩子一起玩多米诺骨牌之类的游戏，虽然是玩耍，但这也需要团队合作，否则游戏也无法顺利进行下去。在某种意义上，这也是一种规矩。

这时我们只需要让孩子明白，团队合作就是要每个人都发挥作用，而且要求大家互相之间有所联系，还不能随意破坏这种规矩。这样，要做的事情才能最终成功，这个过程也能培养孩子的集体荣誉感。

2. 鼓励孩子多参加集体活动

集体活动往往最能培养孩子的团队意识，因此，当孩子的学校、班级，或者同学之间组织了什么有意义的活动，我们要予以支持，并允许他去参加，还要告诉他多注意与他人的协作，不要只想着靠自己一个人的力量完成某件事。可以这样提醒他："活动之前老师或者组织者可能会安排任务，你要专心做好自己该做的事情，如果分组做的话，你就要多和同组的同学交流一下，看看你们怎么做才能配合默契，才能在不起冲突的前提下顺利完成任务。"

3. 教孩子学会欣赏并尊重他人

在团队合作中有一点很重要，那就是成员彼此间是否能够达成默契。而要达到默契，最基本的就是不能歧视团队中的其他人，也不能嫉妒或者反对其他人。

所以，我们要教孩子学会欣赏并尊重他人，可以给他讲讲"人各有所长"的道理，引导他发现他人的长处。同时，也要帮他分析一下自己的优劣势，让他明白什么叫"优势互补"，并告诉他，团队中的人只有做到互补，才可能圆满完成一件事；任何一个人如果不尊重其他的人，都有可能会影响到他自身能力的发挥，也将影响整个团队的利益。

4. 提醒孩子多和团队中的人进行沟通

每个人都有自己的意见，互相之间也会出现意见不合的情况，所以团队中出现不和谐的声音也是在所难免的。但关键就要看人们如何避免或去除这些不和谐"音符"，这也是保证团队合作顺利的重要因素之一。

所以，我们要鼓励孩子多沟通。而且，平时当我们的意见与孩子的意见不同时，我们就要说出自己的意见，并引导孩子说出他的想法，然后两相对比，看看怎样做才是正确的。

不过，我们要提醒孩子的是，如果他的意见是正确的，那么他千万不能骄傲，也不能因此就瞧不起人，而是要认真、耐心地将意见表达出来，并使他人信服；如果他的意见是错误的，他也没必要感到沮丧，只要改正错误的认知，并认真做好自己该做的就可以了。

在家是霸道的虎，出门是胆小的鼠

阿战是一名在外有些内向、腼腆的男孩子。上课，每次老师叫他回答问题时，他的声音都很小，不敢大声表达自己的见解，好像很害怕说错后被老师批评或被同学嘲笑。课余时间，阿战也常一个人自娱自乐，不是不想和同学们一起玩，而是不敢跟别人聊天、玩耍。

可是，在家里的阿战却完全是另外一种面目。不仅脾气暴躁，大声说话，遇到一丁点儿不如意的事还会大喊大叫，跟爸妈顶嘴的功夫可谓一流。

有一次，阿战想要一家商场里卖的新款球服，因为同学们很多都穿那个品牌的球服。本来妈妈不答应给他买，但他一回家就要了起来，怎么哄也哄不住。没办法，妈妈只好答应下来。第二天下班的路上，没有事先通知，自己去商场把球服买了回来。

本来是想给儿子一个惊喜的，但没想到，她竟然买错了款式。这下，阿战更不乐意了，躺在沙发上来回打滚。

"哎呀，对不起，可能是妈妈记错了。但是我现在要做饭，要不你自己拿出去换一下，商场还没关门呢。"妈妈心平气和地说。

"我不要。我出门就不敢说话，才不要拿去换呢。"阿战还是知道自己的问题的，所以他不停地哭闹，要妈妈去给他换。

在我们的生活中，经常会遇到这样的孩子，刚开始懂事的时候。在外面很内向、腼腆，见了生人就脸红，而回到家，那简直就是家里的霸王，谁都没有他厉害。家长们面对这样的孩子，有时也很苦恼，还总是教训孩子，你家里这么横，怎么出去就那么怂了？

就像上述案例中所讲的情况一样，很多家长都十分头疼孩子"窝里横"

的现象，明明在家霸道得像只小老虎，到了外面就成了胆小鼠。其实，造成孩子"窝里横"的性格，很大程度上是因为家长过分溺爱的原因。他们在家中受到家长过多的宠爱和纵容，加之与社会接触较少，离开家长的保护之后，不免对公共场合、集体活动产生恐惧。

作为家长，如果发现孩子有"窝里横"的现象，可以采取以下方法纠正孩子的行为：

1. 不要一味顺从孩子的要求

教育专家研究发现，给予孩子越多的时候，孩子的索取也会越多。长期顺从孩子的要求，除了让孩子增强对家长的依赖性之外，还养成了孩子颐指气使的不良习惯。当孩子把这种态度带到社会中时，往往会受到拒绝。这个时候，孩子就会产生挫败感，变得沉默、不合群。所以，家长应该及时调整教育方法，不要对孩子过于纵容。

上述案例中的阿战不是不会换球服，而是不敢独自去做这件事，这主要是由于过于依赖家长所造成的。当孩子到了一定的年龄之后，家长可以让孩子去尝试独自完成一件事，从简单的"自己洗袜子"开始，逐渐加大难度，渐渐培养孩子勇于挑战新事物的性格。到了社会上，孩子自然就不会不知所措了。

2. 改掉孩子的自卑心理

孩子"窝里横"的表现不仅仅是由于对外界的恐惧，有些时候跟自卑也有关系。作为家长，要给孩子足够的尊重。当孩子犯了错误的时候，最好在没有外人的场合批评孩子。如果家长在孩子的同学面前或公共场合大声责骂孩子，会让孩子觉得没面子，自尊心受挫，容易引发孩子的自卑心理，从而发生孩子不敢去跟朋友交流玩耍等问题。

3. 让孩子多参与交际活动

在平时，家长应多让孩子跟外界接触。比如，经常带孩子去公共场合，或是让孩子跟邻居亲戚家的孩子一起玩耍。在这样的实际社交活动中，孩子为了获得他人的肯定和认可，会发现并改正自己的一些不恰当行为。接触的事物多了，也会让孩子慢慢变得勇敢、大胆。

4. 让孩子容得下不同意见

孩子慢慢步入第一青春期后，大多数孩子开始出现叛逆的征兆。在这个年龄段，孩子有了自己的想法，也渴望自己决定自己的事情。家长想让孩子接受别人的不同意见，就要适当弱化孩子的自我意识。家长弱化了孩子的自我意识，才能让孩子接受他人的不同意见，逐渐提高情商。弱化孩子的自我意识有以下两种方法：一、多让孩子参与集体活动，在合作中学会接受他人的意见；二、家长不要不分对错就肯定孩子的想法，给孩子一种"我都是对的"的错觉。

展示领袖才能，激发孩子更多的潜质

一天，爸爸和朋友们约好在一家餐厅聚餐。爸爸让儿子周周下车在餐厅门口等自己，他去停车。周周下了车，没等爸爸就进了餐厅。

周周对餐厅的服务员说："我们有 14 个人，今天没预约，我们想坐在一起。您帮我拼三张桌子好吗？"

服务员回答："好的，您稍等。"

周周又说："我想和你们一起去。我要排一下位置。"

服务员说："我们会帮您排好的，您不用这么做。"

周周说："这是很重要的聚餐，有长辈在。我要按照辈分排一下位置，让我自己来吧。你们帮我一下就可以了。"

服务员只好答应。

上面的案例中，周周的行为看起来很简单，但并不是每一个孩子都能做到这一点。一般来说，聚餐的时候，孩子很难考虑到他人的需求。而周周能注意到自身之外的情况，积极地去安排座次，这是非常可贵的。家长应该给孩子机会，让孩子参与家庭、小区、社会活动的组织工作，鼓励孩子观察生活，揣摩人与人之间的互动行为，并且让孩子尝试组织工作。在活动中，培养孩子的领导力与影响力。领导力和影响力对于现代社会的孩子来说是一项非常重要的技能。

孩子年幼的时候就能够传递出关于领导力与影响力的信号，家长要注意观察。科学家将这些信号归纳为以下五种特质：对外界事物的感知力、强烈的责任感、主动去做事、对事物的不满意度、能量过剩。那些在团队中有强大领导力的人大多具备这五种特质。如果拥有两种以上的特质，就说明这个孩子有当领导的潜质。如果没有，家长应该激发孩子的潜质。

你有当领袖的五种潜质么

孩子想要在团队中发挥领导力和影响力，就必须提高个人素质，包括品德素质、能力素质、人际交往的态度等，最关键的是孩子的品德和才能。

美国著名的领导学家科威曾经说过："领导最本质的东西就是个人影响力。"他认为，孩子要想在团队中发挥影响力和领导力，就要无私奉献、善于协调人际关系，让团队中的成员信任你，对你充满信心。

在这里，有几点建议供家长参考：

1.告诉孩子要信守承诺

曾经有心理学家做过一项试验，结果表明：信守承诺会让孩子获得更多人的支持，帮孩子获得团队影响力和领导力。

诺言说出口了，就要遵守它。信守承诺的孩子才会获得他人的信任。在信任的基础上，孩子才能发挥团队影响力与领导力。

2.孩子要善于表达自己对他人的关心

和他人相处时，孩子如果能够诚恳地表达自己的想法和对别人的关心，会给他人一种温暖的感觉，增强孩子在团队中的影响力。除此之外，孩子也要注意控制自己的情绪，不要随便发脾气。

家长应该告诉孩子：看到他人有困难，要帮助他人。关心别人的时候，态度要真诚，让别人感受到孩子的真心。简言之，孩子要善于表达自己对他人的关爱。

3. 让孩子在团队中不可替代

家长想让孩子在团队中发挥领导力与影响力，就要培养孩子独一无二的特点，也就是说，要让孩子在团队中不可替代。

想让孩子成为团队中的领导者，具备影响力，应该注意以下几点。一、团队中的领导者在团队中有不可替代的作用。所以，任何时候，孩子都应该与团队成员保持联系。二、提升自我工作能力，孩子强大了，才能让他人信服，得到他人的敬佩。有影响力的人一定是让团队成员信服的人。如果孩子是团队中可有可无的人，工作效率又差，那他何谈影响力与领导力。三、不管处在什么位置，对待团队成员要礼貌，尊重他人也是领导者应该具备的素质。

有"礼"走遍天下，谁都喜欢有教养的人

一天，妈妈去学校接静漪，静漪一见到妈妈就哭了。妈妈很奇怪，孩子平时开朗、大方，在学校里人缘不错，从来没挨过欺负，今天是怎么了？回到家，妈妈给静漪拿了一条毛巾，女儿擦干脸，说："我们班有个男生喊我'死猪婆'，就因为我走路慢了，挡住了他。可是，我前面有同学挡着我，我总不能飞过去吧！"妈妈说："难怪你这么难过，那个孩子是有一些没礼貌。妈妈很好奇，你说什么了没有？"静漪说："我让他滚！谁让他那么讨厌啊！"妈妈说："原来我的女儿也说了这么没礼貌的话啊。他可能没看到你前面有同学，才催你的。你跟他解释一下就好了，干吗要说那么难听的话呢？以后见了这个男生要有礼貌，都是同班同学嘛！"

仅仅通过这么一段话，我们就可以断定静漪长大后很可能是一个优雅小美女，因为妈妈注重孩子的礼仪、礼貌教育。

礼仪体现的是人和人之间的尊重。而尊重首先就体现在对人有礼貌、讲礼仪，这样的人让别人感到舒服，能带给别人愉快的感觉。所以，礼仪不只是人际交往中的外在表象，更是德行修养、学识气度、内在心灵的展现，它反映的是一个社会的文明程度。

嘉耀在经历了一次和境外的学生访问团的交流后，很有感慨。他觉得来访的同龄人比国内的孩子更彬彬有礼，落落大方。嘉耀说，虽然我们也很礼貌，但是觉得是那么的生硬，连表达友好的时候，都有些不自然；而外国的孩子则特别自然，举手投足间就能让人感受到来自内心深处的尊重。

嘉耀的感慨正反映了"礼"的本质，真正的有礼貌、懂礼节、讲礼仪不是心里想着要怎么怎么去做，好让别人觉得自己有礼，而是把礼融入对他人的尊重之中，使自身言行进入一种习惯的状态，也就是无须意识参与的状态。这样，在交往中自然而然就把尊重传递给了别人，润物细无声滋润的是别人的心灵。

习惯不是一朝一夕就能养成的。我们从孩子小的时候，就要教孩子如何礼貌地待人接物、进退应答，如何符合礼仪、遵守规范等。这样，孩子才会懂得"礼"的实质，懂得对一切生命的珍惜以及发自内心的尊重。

孩子是不是讲礼，体现的是孩子是否有教养。我们只有悉心教孩子懂礼，孩子才能成为有礼的人。

1. 礼仪教育的基本内容

6~12岁孩子的礼仪教育，基本内容并不复杂，主要涉及学校礼仪、家庭礼仪、社会礼仪和个人形象礼仪。这些内容老师也会教，但是家长也不能忽视。

学校礼仪涉及课堂礼仪、服饰仪表、尊师礼仪、同学间礼仪、集会礼仪、校内公共场所礼仪等。孩子要做到不随地吐痰、不乱扔纸屑、不踩踏桌凳、不弄脏墙壁等。

社会礼仪要求孩子在社会上做到谦让有礼，对老弱病残者行走让路、乘车让座。公共场所礼仪要求孩子做到：说话要文明，不说脏字；参加各种社会活动要符合礼仪；向帮助自己的人表达感谢；等等。

家庭礼仪涉及孝敬长辈、待客热情周到、餐桌礼仪、体谅父母等。

个人形象礼仪要求孩子做到：坐有坐相，站有站相，身体直立，挺胸收腹、脚尖稍向外呈 V 字形；不要无精打采、耸肩、塌腰；坐下来不要瘫倒在椅子里，不要跷二郎腿，不要抖动椅子；走路要昂首挺胸，肩膀自然摆动，不要低头猛跑冲撞别人；举止不粗鲁。

与人说话交谈要面带微笑，常用礼貌用语，如"您好""谢谢""请""对

不起""没关系"等。当有不同意见时，不要大喊大叫，心平气和地说出来更有效。

2. 尊重别人的隐私

孩子是否能够做到尊重别人，取决于父母是否能够做到尊重孩子。在家里，父母不随便进孩子的卧室，进去之前要先敲门，得到允许后再进去；不私自翻孩子的东西。这样的父母教育出来的孩子才会懂得哪里是自己的"禁区"，才不会乱翻父母的物品。

父母要告诉孩子，大人的事情孩子不要问，如果父母想告诉孩子，会第一时间跟孩子说的。

3. 尊重世间一切生命

我们要从小培养孩子对生命的敬重，这份敬重体现在与人、与动物、与自然界的花花草草的友好相处之中。要告诉孩子，不要伤害它们、歧视它们，而是应该尊重它们的存在，给它们以自由。

耐心倾听，那是有效沟通的基础

小胖在专心致志地画画，突然对妈妈说："妈妈，我想要一套新的彩色铅笔。你买给我好不好？"

妈妈说："你现在用的那套不是挺好的嘛，不买了啊。"

听了妈妈的话，小胖不开心了，把画笔一放，开始耍小脾气，还一直嚷嚷着："买买买，我就是要嘛！"

妈妈在一旁耐心地说："胖儿啊，咱不买了好不好？你这套也是新买的。"

可是，小胖根本不听妈妈的话，还在耍小脾气。

妈妈说："胖儿啊，听妈妈说好不好？"连说了好几遍，小胖都没理睬她。等小胖自己闹够了，妈妈问："胖儿，你为什么要买那个画笔呀？"

小胖说："学校好多小伙伴都有，我也想要。"

妈妈说："那我们明天去卖场看看是不是那套比你现在的这套好，再决定买不买，行吗？"

"嗯，好。"小胖答应了。

"那你现在穿好鞋，画完你的画，以后有事好好跟妈妈说，不闹了好吗？"

小胖马上找到自己的鞋子穿上，说："好。"

倾听是孩子必须学习的重要技能，它对孩子思维和智商的发展有着极为重要的作用。古往今来的杰出人物大多善于倾听别人的建议，比如日本的企业家松下幸之助。

家长应该在平时的生活中告诉孩子："倾听是一种美德。善于倾听的

孩子更容易理解他人的需求，与他人建立和谐关系。"一项科学研究数据表明：人们在日常交往活动中，听的时间占到了百分之四十五，说的时间占到百分之十。由此可见，让孩子学会倾听是非常必要的。心理学家曾说："懂得倾听的孩子，人际关系会更融洽，因为倾听是一种含蓄地表达赞扬的方式。"

上述小胖的案例说明，家长要学会和孩子沟通，与孩子站在平等的位置上聊天，尊重孩子的想法。要尊重孩子，家长就要倾听孩子的声音，了解孩子的感受。这样，孩子才愿意和家长敞开心扉沟通。

孩子的交往过程就是倾听与诉说。假如他想和别人畅通无阻地交流，就必须掌握倾听的技巧，学会如何去倾听。倾听有两个最关键的作用：一是可以掌握对方说的重要信息；二是可以表达自己对对方的尊重，促进彼此感情的交流，拓宽自己的人际交往圈子。

在这里，有几点建议供家长参考：

1. 家长要倾听孩子的想法

家长要善于倾听孩子的想法，不管孩子说的是正确的还是错误的，家长都要倾听。正确的想法，家长可以予以表扬；错误的想法，家长可以予以纠正。通过倾听，拉近亲子之间的关系，这对家庭的稳固和孩子的健康成长有着极为重要的意义。倾听是了解孩子心理最有效的方式，也是培养孩子学会倾听的必要方法。

2. 在游戏中提高孩子的倾听能力

倾听是现代社会的孩子必须具备的一项技能，家长在日常生活中必须刻意地去培养孩子倾听的能力，部分孩子在倾听的时候会注意力不集中，家长要注意观察。家长要告诉孩子，人与人之间的交流必然是要通过倾听来联系的，懂得倾听的孩子更容易获得他人的好感，交到更多的朋友。家长要端正孩子倾听时候的态度，让孩子懂得倾听是一种表达尊重的方式。练习的方法有：给孩子讲一个简单的小故事，然后让孩子找到故事中提到的物品。当孩子找全物品的时候，家长应该表扬孩子。倾听是孩子接触世界、表达自我的第一步，也是孩子接受、传递信息的重要手段。在游戏中提高孩子的倾听能力，是最有效、最简单的方式。

3. 家长可以教孩子如何"插嘴"

在倾听别人说话的时候，只听不说也是不可取的。当孩子倾听其他孩子说话的时候，一言不发会让对方以为孩子根本没有在听。但是，孩子什么时候"插嘴"是需要学习的。"插嘴"的时候，孩子可以用询问的口气，也可以用肯定的语气。当对方情绪高涨的时候要予以赞赏，有疑问的时候要给对方肯定的回答，不要顾左右而言他。另外，"插嘴"的时候不要让对方尴尬，最好不要涉及对方的隐私和一些敏感话题。

在倾听的过程中，孩子可以问对方擅长的问题，比如对方说到去某地旅游的事情，孩子就可以询问对方当地的小吃、最出名的景点及途中的逸闻趣事，这些都可以引起对方倾诉的欲望。接下来，孩子就可以静静地倾听了，这样做可以拉近彼此之间的关系，是一种极为巧妙的提问方式。这样做，孩的倾听能力才会得到提高。

谦虚使人进步，不能让孩子盲目自大

　　兰兰是个漂亮可爱的小女生，不仅成绩优秀，家庭条件也很好。兰兰的父母都是做大生意的，经济条件非常好，所以兰兰从小就在一堆名牌衣服中长大。在学校，兰兰是班里的"文艺骨干"，是同学们眼中的小明星；在家里，兰兰是父母的掌上明珠，集万千宠爱于一身。在这样的环境下，兰兰开始自命不凡了，她变得有些自大，骄傲的情绪不断膨胀。只要一有机会，兰兰就会显摆自己、贬低他人，惹得其他同学都非常不喜欢她。

　　一次，一个小朋友问了兰兰一个问题。没想到兰兰竟然大声说道："你可真笨呀，连这个问题都不会，笨死了。"结果，这名同学生气了，说道："你这个人怎么这么没有礼貌，我不过是问了你一个问题，你竟然如此不尊重别人，难怪大家都不喜欢你，你的确挺讨厌的。"说完，这名同学从兰兰手中扯回作业本离开了。班上的同学也纷纷指责兰兰，有的同学甚至挖苦她道："有什么了不起的，以为自己是谁呀。"气得兰兰大哭了起来。

　　接着班里开始选班长，兰兰一直都是班里的班长，但这一次她落选了，而且输得很惨，全班同学竟然没有一个人投她的票。看着其他几名竞选人的名字下面都横七竖八地画着计票的标记，而只有自己的名字下面一个标记都没有，"干净"得让兰兰无限尴尬。

　　回到家里，兰兰伤心地哭了起来，连晚饭都吃不下去，边哭边嘟囔着："为什么不选我呀，他们的能力都没有我强，凭什么都不选我？"兰兰的爸爸听完兰兰的讲述后，明白自己孩子的身上出现了问题——孩子有些骄傲，总是瞧不起同学，那么同学们又怎么会喜欢她呢。他耐心地向孩子分析缘由，含蓄地指出了兰兰的毛病。兰兰听完之后，羞愧地低下了头。

该怎样培养孩子谦虚的品质呢？圣贤常常教育我们："谦虚使人进步，骄傲使人落后。"骄傲的孩子会给自己的双眼蒙上一层眼罩，看不到更高、远的地方，变得自私狭隘、目中无人、见识短浅。即使一个人非常优秀，在某些方面的造诣很深，他也不能骄傲自大。因为，仍然有很多知识是他不知道的，需要他低头学习，向他人请教。谦虚，是一种美德，是人们不断进取的一种态度。"生命有限，学海无涯"，任何一个具有谦虚品质的人都有进步的动力，都会不断进步。

做人一定要谦虚

骄傲是一种不良的心理状态，作为家长，我们应该给予孩子正确的引导，使孩子养成谦虚的品质。那么，父母应怎样培养孩子谦虚的品质呢？

1. 让孩子认识到骄傲的危害和谦虚的好处

培养孩子谦虚的品质，首先需要向孩子讲清谦虚和骄傲对孩子成长的不同影响。谦虚使人进步，骄傲使人落后。谦虚的人时刻都保持着空杯心理，不自满，总会不断地学习，充实自己；而骄傲的人则自大自满，总是高看自己，觉得谁都不如自己，看不起身边的人，看不到他人的优点，不屑于向他们学习。因此，他们不仅不会进步，还会倒退。

除此之外，谦虚的人更容易建立起良好的人际关系来。因此，他们懂得尊重他人，有亲和力。而骄傲自大的人，则总觉得高人一等，看不起身边的人，导致人际关系很糟糕，得不到大家的喜爱与认可。

这就是谦虚与骄傲的区别。

2. 教会孩子客观评估自己

任何人都有自己的优点和缺点。对此，每一名孩子都应客观、全面地认识到，自己的优点再多，也有不如别人的地方。别人的缺点再多，也有值得自己学习的地方。培养孩子谦虚的品质，首先应该让孩子学会客观地评估自己，看到自己的不足之处，看得见他人的过人之处，取长补短，不断进步。

山外有山，人外有人。带孩子多见识见识外面的世界，开拓孩子的视界，才能让孩子认识到自己还差得远呢，才能避免盲目的骄傲，避免孩子成为井底之蛙。

面对别人不合理的要求，要学会拒绝

安安正在小区里荡秋千的时候，邻居家的男孩小石头跑了过来，也要荡秋千。安安才刚玩，还没有荡够呢，但看着强势的小石头，心里又有些胆怯，便从秋千上下来了。

"你赶紧玩，玩完了我还要接着玩呢。"安安恋恋不舍地站到了秋千旁边，看着小石头玩。

小石头才不管她要不要玩，一直荡来荡去，直到吃晚饭的时候才从秋千上跳下来。

可这时候，安安妈妈也来叫安安回家吃饭了。等了这么久，竟然没有玩到，安安觉得委屈极了，一边往家走，一边"嘤嘤"哭了起来。

"怎么了？"安安妈担心地问，还以为是她玩的时候受伤了。

安安抹一把泪，小声把刚才的事情说给了妈妈听。妈妈听后，叹了口气，说道："你就不会拒绝他吗？你先玩的，如果真不想让出来，就应该好好拒绝他啊。"

"可是，我不知道该怎么说。"安安低着头回答道。

"直接和他说就不行了。"妈妈为女儿打抱不平。

安安记下了。没两天，果然又遇到了相同的事情，小石头扯着秋千绳子不让她玩。

"你下来，我要玩。"小石头理直气壮地说道。

安安这次没有乖乖下来，直着身子说道："不要！我还没玩够呢，凭什么让给你。"

小石头一听，生气了，用力把她从秋千架上拽了下来，两个人扭打起来。

知道此事后，妈妈觉得女儿不懂如何拒绝别人。于是，妈妈决定用心教孩子学会拒绝他人的艺术。自那以后，妈妈经常会咨询许多教育专家、心理学家或社交礼仪老师，以寻求教孩子拒绝他人的好方法。

在妈妈的耐心培养和积极引导下，安安渐渐学会了许多与人交往的技巧，也学会了如何在不损害各自利益的基础上拒绝他人。

后来有一次，小石头想要和安安一起玩玩具，但安安马上就要出门了，于是对小石头说："现在妈妈要带我出去，我们先去办事，回来我立马去找你玩好吗？"

安安说这话时，语气温和，面带笑容。小石头自然也不会生气，而是很自然地答应了下来。

大多数情况下，家长都会教育孩子：要学会跟别人分享，为人处世要慷慨大方，这样才能获得他人的喜爱和信任。一般来讲，家长的这种教育方式并没有错，因为懂得分享是每个人都应具备的优秀品质，并能让孩子交到更多的朋友。

但有些时候，面对别人提出的不合理要求，或者自己无法轻易做到的事情，孩子也要学会拒绝，以免给自己和对方带来困扰。大胆地拒绝别人，是相当重要却又不太容易的事情。家长教育孩子懂得分享的同时，还要让孩子学会如何去拒绝一些不合理的请求，这里有几个小技巧供大家参考。

1. 教孩子不能因感情用事拒绝别人

家长要教孩子学会拒绝，首先要让孩子明白，拒绝并不等于自私。拒绝别人是对人和事物作出理智判断后才能采取的行为，而感情用事是对别人和自己都不负责任的一种态度。

2. 让孩子学会语气平和地拒绝别人

告诉孩子，在拒绝别人的时候要和对方"磨嘴皮子"。所谓的"磨嘴皮子"，是指当孩子想拒绝别人的请求时，不要用生硬的语气直接拒绝，可以尝试用商量的语气和对方交流，这样可以巧妙地拒绝别人，以防发生冲突。

上述案例中，妈妈在教女儿安安拒绝他人的方法时，就时常告诉她遇到问题要和别人心平气和地商量，要让对方感受到诚意。后来，女儿要出门时遇到来找她玩的小伙伴，她对小伙伴"动之以情"，用商量的口吻与其对话，如"回来我立马去找你玩好吗"。

3. 教孩子拒绝别人时要说出理由

对别人的某些要求，如果孩子觉得过分了或自己不能做到时，家长应该鼓励孩子向对方说明自己拒绝的理由。比如，自己身体不舒服、没时间等，让对方了解到自己的苦衷。

4. 告诉孩子必要时应该推迟别人的请求

如果孩子不想答应别人的请求，又不好意思拒绝的时候，家长可以教孩子用往后拖延的办法推迟别人的要求，例如"我考虑好了再回答你""我现在没有时间"等。这是一种委婉拒绝别人的方法，避免了双方的尴尬。

5. 让孩子欣然接受他人的拒绝

在和别人交往的过程中，孩子会面对别人的不合理请求，也同样会对别人有不合理的请求。作为家长，不仅要教孩子学会拒绝别人，还要教孩子接受他人的拒绝，让孩子学会换位思考，理解别人的苦衷。

学会说不

不赖床

不妥协 坚持到底

第六章

欲望是个无底洞，
掐死苗头方可健康成长

学会拒绝，并非每个愿望都要满足

在这章的开篇第一篇，我们先通过一个名人的故事，来告诉各位家长读者，拒绝的重要性：

在撒切尔夫人童年的记忆中，父亲罗伯茨是个不舍得花钱的"小气鬼"。有一次，11 岁的撒切尔夫人买自行车的愿望被父亲却拒绝了，父亲并不是拿不出买自行车的钱，但他认为女儿在这个年纪还没到以自行车代步的时候，不该花的钱，父亲是一分也不会花的。

罗伯茨经常对孩子讲自己当年勤俭节约的事例，他说自己第一份工资只有十四个先令，其中十二个交房租，剩下的两个，一个存起来，一个做生活之用。

罗伯茨虽然对家庭成员很"抠门"，但他对别人却很大方，他常常会给穷人一些东西。他对女儿说："想想是否能给别人最实际的帮助。但不是像某些人那样，认为去市场代替穷人抗议一下就是帮穷人。重要的是你能用这些身外之物做些什么有意义的事！"

这些教育，使撒切尔夫人形成了节俭的好习惯。

调查显示，近年来青少年犯罪率呈上升趋势，不少学生因大手大脚的花钱习惯，以至于最后在走投无路的时候，选择了犯罪道路。这值得我们深思和反思！

教育学家对各位家长如此告诫道："不是孩子的每一个愿望和要求都得得到家长的满足。如果一味满足，这样的爱子方式是错误的。父母们应当提醒孩子不要光考虑自己，也应该考虑一下家庭的其他成员。"这看似简单的道理却常常被各位家长忽视。身为家长，总是想方设法满足孩子的各种需求。不但自己不舍得买点什么，还要将别人的那一份也挪给孩子。这样的父母，有没有想过你孩子的欲望就像是个无底洞。你满足了他这一愿望，孩子马上就产生了下一个愿望。这样无度纵容孩子的做法，深深毒害了孩子的思想。久而久之，孩子会养成目中无人、自私的坏习惯，而且，当他们的愿望无法满足时，他们还可能因此变得意志消沉。

现在，越来越多的家长经常会感叹："我们小时候什么也没有还不是每天高高兴兴，现在的孩子什么都有，却老是不满足。"确实，由于家长们习惯于过问孩子们的物质需要，过分给予子女物质享受，使孩子的性格变得骄奢、自负、贪婪，到头来，想管都没法管了。

其实，我们可以把孩子的心灵看作是一张白纸，毫无瑕疵的白纸，他们的思想、行为还有待父母"刻画"。但人的欲望是个无底洞，小孩子更是如此。本来，孩子还没有经济收入，一些物质需求肯定要靠家长来帮助实现。在这个信息爆炸的时代，孩子通过网络世界将自己的视野拓宽，因此他们有着更强的欲望。而家长们管这些事的体现就是想方设法满足孩子的要求，唯恐被别家的孩子比下去。其实，这种观点是大错特错。过度纵容孩子的欲望，会让孩子养成目空一切的坏心态，在他们日后进入社会后，势必会处处碰壁。

基于上述情况，在日常生活中，家长对孩子的不合理要求不能不管。不要迁就孩子过分的要求，即便对孩子正当的要求，也要视家庭情况而定，不见得所有都要满足。小孩虽小，可心里明白，自己所依靠、所依赖的就是父母；另外孩子的心灵是很脆弱的，轻易甚至粗暴拒绝孩子的方式，会对孩子心灵造成伤害。这些决定了当你准备不迁就孩子的时候，那你一定要想好拒绝的方式方法，做到孩子能最大理解自己，让孩子感到家长不是通过干涉自己的自由来管自己，而是自己的要求过分，或者家里的确有困难。让孩子从小就明白克制欲望的道理，培养孩子的抗挫折能力，这对他

们日后的成长深有益处。

拒绝孩子的不合理要求也是有必要的，但也要注意方式、方法，掌握一些方法、策略更是不可或缺。

在拒绝孩子的时候，答应孩子若是条件允许，在其他时候一定会兑现诺言。信守诺言，也会给孩子树立良好的榜样，从中还能让孩子感受到你对他的关爱。还有，家长若是已经察觉出孩子的意愿，并主动代为说出，这样更能增进彼此间的感情，还可以达到互相理解、互相信任的目的。

生活中常遇到的情况是孩子坚持要买新玩具，被母亲拒绝。孩子质问母亲为何刚才替自己买了新衣服，现在却不肯买玩具给他玩，并以哭闹相威胁。母亲可能怒火冲天，当众大骂或给孩子一巴掌，结果孩子在回家路上大哭不止，做母亲的不但十分尴尬，甚至其他家人也会受到牵连和骚扰。母亲在孩子的苦苦哀求下，不如先遂了孩子的愿望，待回家再慢慢教导："你看你的玩具已经多得没处放了，你还要添置新的。阿姨家涛涛的一个小坦克玩好久了也没有换，一件心爱的玩具才是最重要的，比你每天换新的要强。"这种低调处理会出乎孩子的意料之外，会令孩子歉疚，他的脑海中可能会出现另一个他，叫自己以后不要提无理要求。

如果父母对孩子无论什么事总是最终妥协、同意，允许其破坏规矩，自己就会显得很软弱，不坚决，没主见。孩子的行为就会表现出对自己的不尊重，不停地接受孩子破坏规矩，每一次破坏规矩的行为似乎都不无道理，但如果把这些都放在一起，父母就该好好考虑考虑了。孩子们有时就是在父母的妥协中放任自己的。

真正爱孩子不是事事顺他们的意，而是满足他们的合理要求，巧妙地拒绝他们的无理要求，这样才能让孩子养成良好的习惯，并且健康成长。

出发之前，明确告诉孩子不会答应他的要求

薇薇已经 6 岁了，上幼儿园大班。虽然她在幼儿园表现很好，老师说什么她就做什么，是老师和小朋友口中的"小乖乖"。可是在家里，她却任性霸道得不得了，不管什么时间什么场合，只要她想干什么，父母就得立刻满足她的要求，否则她就又哭又喊又摔门。父母拿她实在没办法。

再过几个月，薇薇就要进入小学了。最近她总是向父母提这样那样的要求。一天，妈妈要到超市买日用品，薇薇非要跟妈妈一起去。刚进超市，她就要求妈妈给她买新衣服，说开始新的校园生活应该穿新衣服。妈妈觉得有道理，同意了她的要求。可是过了一会儿，薇薇又以新学期新气象为由，要求妈妈给她买新的铅笔、橡皮、铅笔盒。其实家里已经有很多铅笔，还有铅笔盒，也都是刚买回来没多长时间。但是想到女儿要上小学了，妈妈还是同意给她把所有文具都换成新的。

如果仅是这些要求也还好，可是当她看到商场里家具专柜摆放的造型别致的桌椅衣柜后，居然要求妈妈把她房间内的家具全部换掉，说房间现在的家具用的时间太长，既不好看也没有新鲜感，要是不换就会影响她的学习心情。妈妈认为薇薇这次的要求提得过分，就直接拒绝了她。可是薇薇却不吃这一套，在超市大哭大闹。妈妈对她一通批评教育，但一点儿用也没有，被她弄得心烦乱，头疼不已，真恨不得揍她一顿。

其实，父母批评教育孩子也要讲究方式方法。每当孩子提出要求遭到父母拒绝而大哭大闹时，并不是只要父母苦口婆心地给他们摆事实讲道理，就能将事情处理好。如果在孩子提出要求之前就抑制他们的念头，例如告诉他们"一会儿去超市不能看到喜欢的东西就要买""去自助餐厅不能吃

汉堡、炸鸡""到游乐园玩的时候不能随便乱跑，选择游乐设施要考虑危险因素"等，相当于在心里孩子打了一剂预防针，让孩子提前意识到哪些要求不该提，有助于更好地解决问题。

很多孩子经常会在不经意间提出各种要求，例如去超市会乱买东西；到餐厅里胡吃海塞；经过游乐场所时，不顾时间或条件限制，随意玩耍。如果遭到父母的反对，他们就会大声哭闹或在言语和行动上表现出诸多反抗。面对这种情况，父母通常会批评教育，但如果找不到一套合理的方式方法，就算批评教育的次数再多，也不会起到好的效果。

父母经常陪伴在孩子身边，应该是最了解孩子的，孩子喜欢什么，不喜欢什么，在提要求之前行为特征是什么样的，父母应该一眼就能分辨出来。在带孩子外出或是参加活动的时候，父母首先应该对孩子进行观察，第一时间了解他们的想法。如果意识到孩子会提无理要求，就要提前改变他们的想法，让他们自己不好意思说出口。

提前制止孩子提不合理要求，让孩子在思想上有个准备，可以有效避免之后的亲子冲突，将不愉快的程度降到最低。提前抑制孩子提要求的方法有很多，可以直接告诉他们不能怎样做，或是转移他们的注意力，让他们无暇顾及自己的想法等。但是，在此之前，父母一定要认真猜测孩子的想法，提前进行心理疏导，这样就可以轻松解决棘手的问题。

拒绝孩子赖床，从小培养好习惯

早晨6点半，可儿的妈妈来到他的房间来叫他，语调温柔地说："可儿乖，起床去幼儿园和小朋友玩了。"5岁的可儿显然没有睡够，睁了一下眼睛说："不起。"妈妈抬手拉开窗帘，想让房间亮一些，能使可儿真正地醒来。但这时可儿发脾气了："把窗帘拉回去！拉回去！"妈妈这时还在将就儿子，试图哄着他起床，便把窗帘又拉了回去，说："可儿已经醒了，起床吧，妈妈给你做了好多好吃的。"可儿不领妈妈的情，坐起来指着窗子说："不对！拉成跟刚才那样！"妈妈试着又拉了几下，可怎么也不能让可儿满意，妈妈这时忍无可忍了，大声说："快点起，不起打屁股！"可儿大叫："不起，就不起！"妈妈掀开被子在可儿的屁股上打了一巴掌，可儿大哭大闹起来，妈妈气得也哭了起来。这时妈妈的情绪彻底失控，一边呵斥儿子一边哭。最后是妈妈与儿子两人各哭各的，各喊各的，简直闹翻了天。可儿不穿衣服，妈妈束手无策。这时爸爸走进来，把可儿从床上拎起来，三下五下把衣服给他穿上，不由分说地抓起书包就扯着他走出了家门。这一家人，早晨因孩子不起床闹翻了天，谁也没有吃成早饭。

美国著名心理学家威廉·詹姆士说："播下一个行动，收获一种习惯；播下一种习惯，收获一种性格；播下一种性格，收获一种命运。"幼儿是一个人的思想观念和行为习惯形成的重要时期，在这个时期培养好的作息习惯，有利于塑造孩子的健全人格。在父母的思想意识里，要把幼儿时期当成培养好习惯的黄时期，付出极大的耐心和细心，不失时机地对孩子进行教育的同时，还要注重总结实践经验，探索有效的方式方法，从晚上准时入睡着手，为孩子在白天的活动具有良好的精神状态做出坚持不懈的努

力，排除拖延的顽疾对孩子思想意识的侵袭。

有专家指出，孩子早晨不爱起床并不是真的起不来，而是不原意起床。这一点可以通过一件事来证明。比如孩子喜欢玩水，家长早上说："快起床，咱们去游泳。"相信孩子会立刻从床上爬起来。所以，关键不在是否爱起床，而是当孩子起床后，他面对的是他喜欢的、还是讨厌的。因此，若是孩子赖床，家长就可以从孩子高兴的事情来引导他快些起床。在孩子赖床时不要像可儿的妈妈那样情绪失控，不仅使自己的情绪变坏，也让孩子一天都不开心。

让孩子养成不赖床的另一个条件，就是不要什么都由家长代替，要培养孩子的独立性。在很多独生子女家庭里，本来可以由孩子自己去做的事都被父母代劳了。衣来伸手、饭来张口，连起床、穿衣、玩乐都有人伺候，甚至很多应由孩子自己做的选择和决定都被家长代替。长此以往，孩子就形成了强烈的依赖心理，对自己的事缺乏参与感，总是习惯地等着父母来做，"认为按时起床是父母的事"，这在孩子的思想意识里变得根深蒂固，就很难在行为上有所改变了。

喜欢决定一个孩子的性格，性格决定了这个孩子的命运。从小培养孩子良好的习惯，将来这些好的习惯就会成为孩子最宝贵的财富。因为孩子自身拥有了一个优越的系统、一个成功的模式，就会使他的人生愿望的实现变成自动又自觉的行为。

既然拒绝了，就不要心软地妥协

嘉豪是一个任性放纵的孩子，无论做什么事情，他都喜欢由着自己的性子来。如果父母认为他的所作所为无理，会拒绝他的要求。但拒绝过后，嘉豪会十分任性地哭闹，甚至一哭就很长时间停不下来。父母担心他把嗓子哭坏，没一会儿就会妥协。

一次，嘉豪去姥姥家，拿着一个小木棍在门口不远处挥来挥去。一会儿，一个亲戚进了院门，刚往前迈了几步，就被嘉豪的小木棍碰着了。亲戚觉得孩子毕竟还小，怎么玩都不算过分，还夸赞他是个男子汉。嘉豪听了十分自豪，不管不顾地挥舞着他的小木棍。他见妈妈在客厅和姥姥说话，就跑过来拿小木棍朝妈妈身上打去，边打还边呵呵笑着说："把你们都打败。"紧接着，他又跑到姥姥身边，举起小木棍打了姥姥的腿，姥姥觉得疼，"哎哟"了一声。听到这一声，嘉豪更加兴奋，他再次举起木棍打向妈妈。这时，妈妈觉得嘉豪捣乱，太没有礼貌了，斥责他说："自己到一边儿玩去，不许再用木棍打人了。"嘉豪说："我就是要打，把你们都打败。"妈妈听了很生气，瞪大眼睛用愤怒的语气大声吼道："要是再这么没规矩，小心我打你啊。"嘉豪被吓到了，大哭起来，一边哭嘴里还一边念叨："就是要打你们。""把你们都打败。""我不喜欢你们。"……他哭了一会儿，发现妈妈没有妥协，一下就躺到地板上哭，一边哭一边使劲蹬地，弄出很大动静。

妈妈觉得嘉豪当着这么多亲戚的面哭闹，让她很没面子，她想打嘉豪一顿，但又怕打完之后他哭得更厉害，于是赶快对他："行了，别哭了，是不是打一下就行了？"嘉豪一听妈妈妥协了，擦了擦眼泪点头说了声：

"嗯。"妈妈说："行了行了，快起来打一下，打完赶紧去那边玩去。"嘉豪站了起来露出了笑容，他用小木棍用力打了妈妈一下，然后笑着跑开了，随后还得意地说了一句："哼，不听话我就打你。"妈妈本以为嘉豪这下老实了，可是没一会儿，他就拿着小木棍去打别的亲戚，总之不把家里每个人打一遍他就不罢休。妈妈虽然对他这种行为感到气愤，但也无可奈何。

人的欲望是没有止境的，孩子也是如此。当孩子提出不合理的要求或是行为不当时，父母想通过教育改变他们，但通常又狠不下心来，于是对他们妥协退让了。孩子尝到了甜头，还会期待第二次，此后他们的不当行为就会无限扩大。这就和人占了小便宜的心理一样，占了一次就想占第二次，欲望就会无穷无尽，更加难以抑制。

轻易向孩子妥协，会带来很多不良后果。因此，父母应该当机立断，该拒绝时就拒绝，一旦拒绝就不要轻易妥协，否则会助长孩子的不良行为。当然，拒绝也是有讲究的，不要跟孩子争论太多，也不能拒绝之后就把孩子搁在一边，冷眼相待，而要等孩子平静之后，站在平等的角度跟孩子讲道理。如果父母给予孩子耐心和尊重，孩子一定能认识到自己的错误。

当孩子提出不合理要求时，父母千万不能毫不犹豫地答应，而是根据情况坚决地拒绝。在拒绝时，要给孩子讲道理，让他们知道父母拒绝是有正当理由的。而且，当孩子以哭闹威胁时，父母切记不能心软，否则之前所做的一切努力都将付诸东流。

拒绝后尽可能避免向孩子妥协，这相当于将主动权抓在自己手中，避免被孩子支配。而要做到这一点，要求父母能够细心观察，探索孩子的内心，及时了解孩子的需求，然后再把握时机做出正确的反应。对于孩子，该民主时民主，该专制时就专制，这样，孩子的不合理要求才会减少。

打一棒以后，学会给一颗"甜枣"吃

肖灵和彭洁既是发小又是多年的老同学，两人十分亲近，因此经常在一起讨论孩子的教育问题。

一天，彭洁对肖灵说，最近这一阵，自己的孩子悦悦不知为何每天回家都是一副无精打采、闷闷不乐的样子，就好像生病了一样。肖灵问："孩子不是身体不舒服吧？"彭洁说："到医院检查过了，没有任何问题，可就是打不起精神来，大夫说可能是最近心理压力过大。"肖灵立即意识到问题的严重性，便问彭洁："最近悦悦有什么不高兴的事情吗？有没有被老师批评或是和同学闹矛盾什么的？"彭洁想了想说："没听她说起过，应该没有吧。"她又认真回忆了一下，突然想起两个星期前家里发生了一件不愉快的事情：悦悦要求妈妈给她买一个平板电脑，还强调要内存最大、价格最贵的那种，结果遭到妈妈的拒绝。后来为这事，妈妈还狠狠地批评了她。之后她情绪就不怎么好，也不愿意多说话了。彭洁赶快问肖灵："难道就因为这事？都这么多天过去了，她还记得？"肖灵说："孩子的内心是很敏感的，特别是像悦悦这样的孩子，平时就不善言辞，心事重，要是心里一直压着不痛快的事，更是难受，你应该好好安慰一下她，做做她的心理工作。"在彭洁看来，这只是一件小事，事情过去就过去了。可是肖灵又说："悦悦被你拒绝后，肯定心里不舒服，不愿说话。而这个时候你又对她不理不睬，没有及时开导她，告诉她你为什么不同意给她买平板电脑，这样悦悦的负面情绪会越积越多，所以就会越来越没有精神。当你拒绝了孩子之后，一定要记得给予安抚，让她把不良情绪释放出来。"

彭洁明白了这个道理，等悦悦回到家后，她先跟悦悦谈论了上次买平板电脑的事情，说出了自己拒绝的合理理由，并表达了对悦悦的关心和爱护，言辞诚恳，态度温和。很快，悦悦就放下心理负担，像以前一样轻松自在了。

孩子被拒绝后，会出现种种负面情绪，他们会不满、抗拒、沮丧、懊恼，做事缺乏积极性……此时，父母有必要做的事情是安抚孩子，这在我国古代叫"打一棒子，给一颗甜枣"。父母在对孩子进行日常教育时，不应该只是打一棒子——拒绝，还应该学会如何给颗甜枣——安抚，二者相互结合，配合使用，才能调教出优秀的孩子。

拒绝不是一味板着脸，对孩子不理不睬，不予回应；安抚也不是顺应孩子的主张，满足他们的不合理要求。只有在拒绝之后再进行安抚，才能有效疏导孩子的不良情绪，让他们更好地正视自己的问题。

但是有些父母往往一听到孩子提出不合理要求就直接拒绝，拒绝之也没有及时体察孩子的内心，感受孩子的情绪，继而进行适当安抚。孩子将不良情绪压抑在心底，觉得自己不被接受和认同，时间一长，就会影响身心健康。

爱孩子不仅仅体现在如何拒绝孩子的不合理要求，还体现在如何安抚孩子脆弱的心灵。有的孩子内心比较强大，被拒绝后可能一会儿就把不愉快的事情抛到脑后了，但有些孩子心思重，难以释怀，心里的疙瘩如果没有及时解开，就会压得他喘不过气来。但不管孩子性格如何，被拒绝后总会或多或少感到不舒服，父母的及时关注和安慰不但能帮助孩子梳理情绪，更重要的是能引导他们正确看待问题。

父母安慰孩子的方式有很多，可以亲切交谈，还可以给予孩子一个大大的拥抱，但是拒绝之后的安慰最好在一个小时之内进行，否则拖得时间越长，安慰的效果越不好。并且父母在安慰孩子的时候，要以平等的身份进行，让孩子感觉到自己被重视，孩子才会理解父母的想法。

安慰的时候，一定要在态度和语调上多加注意，还要将拒绝的原因和无奈解释清楚。安抚不仅是让孩子理解父母，父母也要表现出对孩子的爱，这样拒绝才算圆满。

第七章

抓住敏感期，
让孩子更好地成长

模仿敏感期，别让孩子学会坏毛病

特特有一个同学，叫亮亮。亮亮的父母是老来得子，非常宠爱，每天都给他做好多的美食，如鸡腿、红烧肉、鸡蛋等，一家人享受美味。可另一方面呢？亮亮的爷爷奶奶却住在破旧的房子里，亮亮的母亲每天只给老人送几个馒头或是几碗白粥，从来没有送过肉类和蛋类。

一天中午的时候，妈妈给亮亮做了他最喜欢的可乐鸡翅和红焖大虾。孩子吃得正香的时候，妈妈笑着问："宝贝，妈妈每天都给你做你喜欢的美食，等到妈妈老了，你会不会也同样给妈妈做好吃的啊？"

谁知亮亮摇着头说："我才不会给你做好吃的呢，我就每天给你送一些馒头和白粥就行了！"

听了亮亮的话，妈妈生气地说："你这孩子怎么这么没有良心啊！妈妈对你这么好，你怎么只给我吃馒头和白粥！"

亮亮说："我是和你学的啊！你不是每天给爷爷奶奶送这些东西吗？"

亮亮的话让妈妈愣了很长时间。

孩子是天生的模仿者，从出生之后，他们便会有意识或无意识地模仿大人说话的声音和表情，以及一些小动作。比如，你对着几个月大的孩子说话，他们也会"咿咿呀呀"地模仿；你对着几个月的孩子做鬼脸、哈哈大笑，他也会学着你的样子做鬼脸、哈哈大笑，并且还兴奋地手舞足蹈。

等到孩子大一些的时候，他们会学小狗"汪汪"的叫声，模仿大人和别人摇手说"再见"，甚至学着妈妈的样子来亲吻爸爸，学着小青蛙的样子一蹦一跳的。

到了3~5岁的时候，由于语言和思维能力得到一定的发展，肢体动作已经变得越来越熟练，再加上孩子的好奇心越来越旺盛，他们的模仿能力和模仿行为就达到了最强的程度。

　　而与婴儿时期的简单模仿相比，在这段时期内，孩子不仅会模仿大人的动作和行为，更会模仿大人们和其他小朋友的行为习惯、品格修养。也就是说，孩子进入了模仿敏感期，特别容易受大人和同伴行为的影响，进而积极地模仿它们，不管这行为是好的还是坏的。

　　日常生活中，如果父母时常对孩子大呼小叫，一点点小事就发脾气，那么孩子就会变得非常粗鲁，脾气暴躁，而且没有一点儿礼貌；如果父母对别人冷漠，看到受伤的小动物或是乞丐，不仅不给予帮助，反而嗤之以鼻，那么他们的孩子也会成为一个毫无爱心的人。

　　相反，如果一个孩子的父母总是温柔地和别人说话，对任何人都礼貌和善，那么这个孩子的行为也会越来越温柔和善、彬彬有礼；如果一个孩子的父母守信用，答应孩子的要求都尽量做到，那么他们的孩子也会养成说话算数、信守承诺的好习惯。

　　孩子是热情的观察者，更是一个天生的模仿者。在这个阶段，孩子对大人的行为和品德具有很强的模仿力，很容易受到大人行为的影

响。因此，父母应注意自己的一言一行，引导孩子养成良好的生活习惯和品格修养。

1. 给予孩子积极的引导和指导

2 岁后的宝宝会进入模仿敏感期。在这个阶段，模仿可以给孩子带来快乐，更可以让孩子慢慢成长，学会和掌握各种动作和行为，使智能和体能都得到更好的发展。但是由于孩子能力和智力上的不足，模仿行为可能会失败，或是出现错误。比如，在模仿父母拿筷子、穿鞋子的时候，孩子可能拿不住筷子、穿错了鞋子。

这时候，我们不要急于纠正，也不要过于在意孩子的失败。只有给予孩子及时的鼓励，让他在失败之后再去尝试和模仿，他才能获得真正的成长，掌握各种生活技能。

另外，父母一定要有意识地引导和教育孩子，让孩子多模仿和练习，否则很可能影响孩子的语言、行为，以及思维能力的发展。

2. 注意自己的言行，给孩子树立好榜样

孩子每一次的成长，都是从模仿大人开始的。就如教育家苏霍姆林斯基所说的一样："每个瞬间，你看到孩子，也就看到了自己；你教育孩子，也就是教育自己，并检验自己的人格。父母的善良，孩子们能模仿到！"

因此，想要让孩子养成良好的行为习惯和品格修养，我们就必须约束自己的言行举止，避免做出失礼、失德的行为。

3. 不要让孩子模仿危险的动作和行为

很多好奇的宝宝看到大人干什么都要模仿，这时家长应该注意了，尽量避免让孩子模仿大人打打火机、用剪刀、插电源等。

身份敏感期，谁都希望成为自己的偶像

周周今年4岁。最近迷上了奥特曼，每天都要看奥特曼的动画片，还学着奥特曼的动作和小朋友打架。在家里，他把爸爸的红衬衫披在身上，手里拿着一把玩具宝剑，然后在客厅中尽情地挥舞，还大声喊道："我是奥特曼，我要消灭你这个怪兽。"

而到商场的时候，看到奥特曼的玩具，周周就不想走了，非要缠着妈妈买。妈妈对他说："周周，家里已经有很多奥特曼了，不如我们买些其他玩具，好吗？你看，这个小汽车也很漂亮！那个熊大熊二，不也很好玩吗？"

可是周周却总是噘着小嘴说："哼，我才不要那些玩具呢！我就要奥特曼，因为我就是奥特曼，我们要一起打怪兽。"这样幼稚的话弄得妈妈哭笑不得，只能给孩子买下一个又一个奥特曼。

其实，这种情形表明，周周已经开始对自己的身份感到敏感了，进入了身份确认敏感期。由于平时经常看奥特曼的动画片，把奥特曼看成自己崇拜的偶像，并且希望自己就是那个偶像。所以在日常生活中，周周时常会模仿奥特曼的动作和行为，并且通过这样的行为来满足自己的内心。

在这个时期，每个孩子都会崇拜一个或是一些偶像，希望自己就是那个偶像，并且尽情地模仿某个偶像的行为。对于男孩子来说，他们更倾向于崇拜奥特曼、孙悟空、猪猪侠、喜羊羊等比较勇敢、聪明的偶像，并时常大声地喊着："我是迪迦·奥特曼。""我是齐天大圣孙悟空。"而女孩子则更倾向于崇拜温柔大方、漂亮聪明的女孩角色。她们会戴上亮闪闪的王冠，说："我是白雪公主。"还会穿着漂亮的小裙子，拿着魔法棒，

一边挥舞着一边说："巴拉巴拉变，我是小魔仙。"

这是因为当孩子到了 4 岁左右的时候，空间活动能力不断增强，离开父母的时间也越来越长。这个时候，孩子就面临着一个"我是谁""我如何获得安全"的问题。为了获得安全感，孩子们便开始模仿和崇拜所接触的人物，或是比较厉害的动物，比如老虎、狮子、大象之类的动物。

孩子们喜欢让自己有一个又一个身份，喜欢强大、勇敢、英雄式的偶像，讨厌那些不太积极、不正面的角色，或是比较笨拙的人物。

比如在幼儿园内，老师让孩子表演情景剧《喜羊羊与灰太狼》，这让小朋友们非常兴奋和高兴。可是在挑选角色的时候，孩子们却发生了矛盾，很多孩子都挑选喜羊羊、暖羊羊，而女孩子都选择美羊羊。

当老师问道："小朋友们，谁愿意当懒羊羊、灰太狼、红太狼啊？"

所有孩子都摇着头说："我不要当懒羊羊，他实在是太笨了！""我不愿意当灰太狼，他就是一个大坏蛋！""红太狼太凶了，每天都用平底锅打灰太狼，还要吃掉喜羊羊。我讨厌它！"

由于孩子没有辨别是非的能力，他们还是会把熊大、熊二、猪猪侠等角色作为偶像，并且模仿它们的暴力行为、不文明行为。更重要的是，在这个过程中，孩子非常容易吸收某个偶像的某些特质，不断地充实自己，从而形成某种人格特征，不管这种特质是好的还是坏的。

正因如此，我们作为家长的才应该给予孩子更多的关注和引导，尽可能地满足孩子的内心需求，给予孩子足够的安全感，同时用无私的爱来帮助孩子构建一个良好的自我认知，促使他形成良好的人格特征。

1. 允许孩子模仿自己的偶像

很多家长不了解孩子的模仿行为，更不知道什么是身份敏感，所以当孩子兴致勃勃地模仿偶像的行为并高喊"我是奥特曼"的时候，他们便不耐烦地说："你又发什么疯！不要太淘气了！"结果，孩子的身份确认便被干扰和中止了。

这对孩子的心理健康非常不利，会让孩子感觉自己不受重视，觉得自己非常弱小，从而失去安全感，慢慢地变得非常怯懦、敏感。

所以在身份确认敏感期，我们要理解孩子的行为和心理需求，给予他们足够的空间，让他们尽情地模仿自己心中的偶像。

2. 多陪陪孩子，给予孩子安全感

前面已经说过了，这个时期，孩子会给自己一个又一个身份，喜欢模仿偶像的行为，通过模仿来满足自己的心理需求，给予自己安全感。所以，我们应该多陪伴孩子，多和孩子做亲子游戏，最好是配合孩子的模仿行为，让他们更容易获得安全感，走出自己的幻想。

3. 避免孩子模仿负面人物，利用偶像的力量养成好的习惯和品格

孩子的模仿能力强，但是没有是非观念，很容易受到不良行为的影响。比如，他把奥特曼当作偶像，模仿它与怪兽打斗的行为，受到这一暴力行为的影响，于是喜欢与别人打架，或是欺负其他小朋友。这个时候，父母应该引导孩子学习奥特曼的勇敢、正义的品质，而不能用武力来与人打架。

同时，我们还应该利用孩子崇拜偶像这一特点，恰当地借助偶像的力量，帮助孩子养成好的习惯和品德，纠正他们坏的习惯和品德。比如孩子撒谎了，父母就可以这样对他说："奥特曼也不会撒谎啊！"孩子挑食了，父母可以说："苏菲亚小公主可不会撒谎哦！"

语言敏感区，让孩子从小"能说会道"

飞飞是一个聪明的小孩子，很受老师和其他小朋友的欢迎。别看他只有3岁半，可语言表达能力非常强，是一个能说会道的小男孩。

飞飞的嘴非常甜，见到老师就会笑着说："老师，你今天很漂亮啊！这个裙子真好看！"遇到了自己喜欢的小朋友，他会主动与人谈话，丝毫没有同龄人的羞涩和腼腆，而且比其他小朋友更会表达。

我们知道，3岁左右的孩子虽然具有一定的语言表达能力，可很多时候却不能清晰地说出自己的想法。尤其是情绪激动的时候，他们的词汇量、逻辑性都会受到影响，往往说不出完整的、条理清晰的话。可飞飞却很少有这样的情况，他总是能够条理清晰地表达自己的想法，说清事情的来龙去脉。

一天，幼儿园老师到办公室拿水杯，可就这么短的时间，一个叫勇勇的小男孩就和飞飞闹起了矛盾。等到老师回来的时候，飞飞气呼呼地站在一旁，而勇勇则大声地哭着。老师立即上前了解情况，弯下腰问道："怎么回事？你们两人闹别扭了吗？"

勇勇率先向老师告起了状，可是因为情绪太激动，说话有些断断续续，还有些不清不楚："他欺负我……我想要那个玩具……他和我抢……"

老师有些明白了事情的经过，但还是无法从勇勇的话中了解来龙去脉。这时候，飞飞说话了，他气呼呼地说道："勇勇说得根本不对！不是我和他抢玩具，是他和我抢玩具。刚才我拿到了那个红色的小汽车，玩得正开心，勇勇过来了，说要和我一起玩。可是玩了一会儿，他却不想和我玩了，还想要把汽车拿走，说是他先拿着玩的。他真是太不讲理了！"

看吧！同样年纪的孩子，飞飞和勇勇的表达能力却有很大的区别。事实上，这与飞飞父母的日常引导分不开。从飞飞牙牙学语时，他的父母就非常注重锻炼他的语言表达能力，时常和孩子说话、聊天。等到孩子大一些的时候，他们每天都会给孩子讲睡前故事，让孩子阅读绘本，看着图画和绘本讲故事。

正因如此，飞飞的语言敏感力得到训练和加强，比其他孩子更能说会道。

学习语言是一个人最基本、最重要的行为。虽然婴幼儿具有自然所赋予的语言敏感力，但是如果在孩子的语言敏感期，家长不加强孩子语言能力的培养，就很可能影响孩子学习语言的热情，并且影响日后的人际关系发展。

因此，在孩子的语言敏感期和学习期，父母应该给予孩子积极的帮助，让孩子学会开口说话，加强孩子的表达能力。

而想要孩子说得更好，就应该先让孩子多听，听妈妈说话，听父母讲故事。在孩子1岁之前，妈妈要多和孩子聊天，说说宝宝有趣的事情，说说爸爸妈妈如何喜欢他、如何爱他。之后，父母要多让孩子听父母讲故事、念儿歌。尤其是儿歌，朗朗上口，容易记忆，多学习的话，对于孩子学说话是非常有价值的。

等孩子到了3岁左右，语言能力就有了一定的发展，可以清晰地表达自己的想法，比如"我饿了，想要吃饭！""我想要到公园去玩！"，这时候，父母要让孩子的词汇量变得更加丰富起来，语言表达更清晰、完整起来。

看物说话、看图说话就是不错的选择。在教育孩子的过程中，家长要多教孩子说完整的话，或是引导孩子说特定的词语，然后慢慢地教孩子看着某一事物或是某一绘本讲出自己的故事。最开始，家长要让孩子尽情说，不要管什么逻辑、语法之类的问题。等到孩子可以把完整的故事讲出来之后，家长再慢慢地教孩子语言、逻辑。

总之，6岁之前，是孩子语言发展的敏感期，之后这种敏感就会慢慢消失。如果错过了这段语言学习的黄金时期，孩子对语言的吸收就会大大降低，到时后悔就已经晚了。所以，家长应该给孩子营造一个良好的语言环境，提高孩子的表达能力，让孩子可以轻松自如地表达自我、表现自我。

空间敏感期，引导孩子探索新世界

在写这节之前，先向各位家长解释下什么是空间敏感期，可能很多家长看到这个词很陌生，也会很迷惑。其实，空间敏感期是孩子敏感期中最有趣的一个，从孩子几个月大一直持续到6岁。这个年纪的孩子，正是探索这个世界的时候，他们对所有空间都充满了好奇心和探索欲。尤其是2~3岁的时候，孩子的好奇心非常强，对于周围空间和事物的探索欲望更加强烈。

一天下午，静静带着自己2岁5个月大的宝宝到楼下的小花园玩耍。孩子在空地处玩得非常高兴，突然间就冲着旁边的矮树丛跑了过去。

静静立即跟了上去，看见宝宝跑到树丛边上，趴在那里看一只正在爬行的小虫子。只见这小虫子爬到了石阶上，然而一骨碌就摔到了土地上，然后躲到一丛树叶下面。宝宝看见小虫子不见了，掀开了一片片树叶，终于在一片枯黄的树叶下面找到了它。当他再一次看见小虫子的时候，宝宝的脸上露出了大大的笑容。

接着，小虫子又向草丛中爬去，而宝宝也想要跟着。可是，矮树丛挡住了他的去路，他根本没有办法过去。静静见宝宝对这小虫子这么好奇，就抱起他，迅速地向草丛走去。找到了小虫子之后，宝宝又开始跟着它继续探索这"秘密基地"……

整个下午，宝宝都在跟踪这个虫子，玩得不亦乐乎。

除此之外，宝宝对于其他事情也具有很强的好奇心。他会费力地爬上桌子，然后再爬下来，如此反复多次，乐此不疲；他喜欢打开妈妈的手提包，把所有的东西都拿出，就连一个小小的纸片都不放过；他喜欢捉迷藏，并且能够找到非常隐蔽的藏身之所，比如大衣柜、桌子底下、被子里面，甚至是洗衣机里面。

静静还发现，宝宝对于各种事物和声音也非常敏感，有时候会淘气地把水龙头打开，听水流"哗哗哗"的声音；时候会把豆子弄撒一地，起劲地抓起豆子，又扔在地上，听豆子"啪啪啪"落地的声音；洗手的时候，他还会把香皂和洗手液弄出很多的泡泡，然后一边吹着泡泡，一边开心地笑着……

而静静也知道宝宝的空间敏感期到来了，所以并没有阻止孩子的行为。她知道孩子的行为并不是故意捣乱，而是他对这个世界充满好奇，想要发现更多的小秘密。

可以说，这个阶段就是孩子认识世界、探索世界的开始时期，虽然大人们觉得孩子的行为有些可笑、幼稚，可是他们却开启了一段段好奇的探索之旅，并且从中得到很大的满足和乐趣。

更重要的是，这也是孩子智力发展、能力发展，以及想象力发展的重要时期。如果家长们担心爬上爬下会出现危险，或是担心孩子捣乱、惹麻烦，想办法阻止孩子的行为，那么就会破坏他们能力的发展，使孩子丧失探索世界的机会，更会影响他们想象力、思维能力的发展。

因此，我们要给孩子足够的自由和机会，让孩子充分发挥他们的好奇心和探索欲，如此一来，孩子才能更好地提升自己的能力，甚至是激发自己的潜力。

1. 父母要保护孩子，但不要过分干预孩子的探索行为

在空间敏感期，孩子时常爬上爬下，喜欢从高处往下跳，喜欢钻到一个小地方……

很多妈妈就会担心孩子，生怕孩子摔倒或是碰伤，于是她们看到孩子爬到桌子上就会立即跑过去，把孩子抱下来，并且禁止孩子再做这样的事情。然而，这些父母不知道的是，这会影响孩子各种能力的发展，还会令孩子丧失探索世界的机会。

2. 引导孩子积极探索，促进孩子各种机能的发展

家长们可以利用这个时期来训练孩子的各种能力，比如孩子爬上爬下，我们可以通过走独木桥、爬软梯等一系列游戏，来提高孩子的身体协调性、手眼协调能力；孩子喜欢探索小空间，我们可以准备一些盒子、瓶子等玩具，提高孩子的专注力和动手能力。

3. 激发孩子的想象力和思维能力

家长可以和孩子玩一些有趣的关于空间探索的游戏，比如寻宝游戏、捉迷藏游戏，让孩子寻找东西，或是把自己和东西藏起来。这对于激发孩子的探索欲望，培养孩子的空间智能，是非常有利的。

家长还可以教孩子搭积木，让孩子把积木堆高，或是堆成各种形状，以便激发孩子发挥想象和其主动性。

秩序敏感期，
正确看待孩子突然间的无理取闹

看到这节标题，很多家长可能和看到上一节"空间敏感期"一样迷惑，会发出疑问：什么是秩序敏感期？其实这个词不难理解，任何事物都有着秩序，当在孩子眼中，这个秩序突然改变或遭到破坏时，他们往往就会情绪爆发，开始无理取闹。具体我们可以根据下面这个案例，然后进行详细的分析：

最近，4岁的菲菲没有征兆地开始无理取闹了。出门的时候，一定要自己开门，否则就要闹情绪；吃饭的时候，必须坐橙色的凳子，否则就不吃饭；外面下雨了，可是她非要到公园中玩滑梯；妈妈每天下班后，她都帮妈妈拿拖鞋，哪一天妈妈自己穿上了，她就非要坚持让妈妈换回鞋子，再帮妈妈穿一次……

这样的事情真是挺多的，简直让爸爸妈妈头疼不已。有一次，菲菲的任性差点儿让爸爸把她抓起来打一顿。

平时妈妈都是给菲菲做好了早餐，让孩子在家吃完饭之后再送她去幼儿园。可是这天，妈妈因为有急事必须早早到公司处理，就没有送菲菲上幼儿园，而是把这个任务交给了菲菲爸爸。

妈妈叫醒了菲菲，对她说："宝贝，今天妈妈有事情要早点儿出发，让爸爸送你去幼儿园，好吗？"

菲菲痛快地答应了。于是，妈妈就匆匆地离开了家。

爸爸准备好之后，对菲菲说："宝贝，爸爸还要上班，所以今天不能在家吃早饭了。我们去幼儿园吃早饭，好吗？"

听了这话，菲菲立即就变了脸色，不满地说："不要！我要在家里吃饭！"

爸爸耐心地说："今天妈妈并没有做早饭，我们吃什么呢？再说，现在已经快8点了，再不出发的话，爸爸就迟到了！"

可是菲菲依旧不同意，小嘴一扁，眼泪就要下来了，说："我就要在家里吃早饭！"

这时候，爸爸已经着急了，说道："幼儿园的早饭很好吃的，你看其他小朋友不都是在那里吃吗？菲菲乖，听话好吗？"

菲菲可不听爸爸的劝告，委屈得大声哭起来："我就要在家里吃，否则我就不上学了！"不管爸爸怎么说，菲菲就是软硬不吃、油盐不进。

孩子的任性让菲菲爸爸非常恼火，他生气地说："你这孩子怎么这么任性！如果你再闹，我就打你了！"说完，菲菲爸爸不由分说地就送孩子上学了。而菲菲呢？她则是哭了一路，闹了一路。

相信很多父母遇到这样的孩子，都会感到火气上升，但又无可奈何。事实上，这一阶段的孩子，无理取闹和乱发脾气是正常的，这说明孩子已经到了秩序敏感期。

所谓秩序敏感期，是孩子成长过程中一个非常重要的心理成长期。进入这一敏感期，孩子对于秩序非常敏感，对于事情的发生顺序、物品的摆放位置、平时所做的事情，以及事物的所有权，都有着非常苛刻的要求。

一旦这种秩序被打破了，孩子的内心就会感到强烈的不安、焦虑。而因为孩子不善于表达，无法说出自己的感受，所以时常用哭闹、发脾气、无理取闹来发泄。

菲菲非要自己开门，非要坐橙色的凳子，非要在家里吃饭，就是因为她已经形成这样的习惯和规律，并且建立了自己的秩序。一旦父母没有让她按照这个规律来做事，那么她整个人就不好了，情绪就会出现很大的波动，甚至开始发脾气。

蒙台梭利说过："秩序敏感期从孩子出生开始，并且一直持续到6岁左右，在孩子的九大敏感期中，秩序感是第一位的，它影响着孩子一生的行为和习惯。"所以，身为父母，我们要懂得尊重和关注孩子的秩序感，千万不要把孩子的行为当成无理取闹，否则将对孩子造成很大的伤害。

1.尊重孩子的秩序感，接纳孩子的固执

蒙台梭利曾经说："秩序对于儿童来说，是生命的需要，当它得到满足时就产生真正的快乐，是一种对外界的适应。"

虽然孩子年纪小，可是却具有天生的秩序感，并且认为秩序是不可更改的，所以作为父母，我们要尊重孩子内心的秩序，不要试图改变他。比如，

孩子喜欢坐右边，喜欢挨着爸爸坐，那么就让他坚持下去。否则，孩子就会感到不舒服，缺乏安全感。

2. 引导孩子井然有序地生活，培养孩子好的习惯

既然孩子有天生的秩序感，并且很难改变这种秩序，家长就应该好好地利用这一点，引导孩子养成良好的生活习惯。

比如，父母从小就给孩子提供整洁、规则的生活环境，那么他们就会建立这样的内心秩序感，习惯了整洁、规则的生活。一旦生活环境变得乱糟糟的，他们就会感到不舒服，想要改变它。

再如，孩子第一次吃饭的时候，就被要求先洗手、坐端正，不能随便摇晃；从小就被要求早睡早起，坚持睡前洗脚；从小就被要求把自己的玩具整理好；从小就被要求讲礼貌，不能说脏话……那么，这种天生的秩序感就会让孩子养成良好的生活习惯，并且长久地坚持下去。

3. 尊重孩子对于物品所有权的执着

很多父母害怕孩子养成自私、没有友爱的坏习惯，所以会让孩子分享自己的食物、玩具。可这很容易破坏孩子的秩序感，让孩子产生不满。因为在秩序敏感期，孩子具有很强的物权意识，这个东西是自己的就是自己的，不能随便和别人分享。一旦遭到父母的强迫，他们就会不安，甚至对父母产生不信任感。

这就是所谓的环境影响人，环境造就人。孩子一旦进入秩序敏感期，就会变得任性、固执，但家长一定不要把这当成无理取闹。我们只有尊重孩子，积极正确地引导孩子，才能让孩子养成良好的行为和习惯。

性别敏感期，让孩子更懂得自己

绝大部分孩子在 3 岁左右时就有了性别意识，知道"我和妈妈一样是女生，爸爸是男生"，知道女生应该穿裙子、梳小辫子，知道女生不能进入男生厕所。

到了 4 岁左右，孩子对于自己的性别则有了更深入的理解和认识。在这个阶段，女孩子开始爱美，喜欢穿漂亮的裙子，想要抹妈妈的"香香"；而男孩子呢，他们也喜欢在外形上关注自己，不过却是展现自己阳刚、帅气的一面。相对于女孩喜欢布娃娃，他们更喜欢机器人、玩具枪，喜欢超人、蜘蛛侠等超级英雄。这一点也会体现在话语上，比较喜欢对妈妈说"我会保护你"之类的话。

不管是女孩还是男孩的表现，都是孩子在这个年纪性别发展的重要体现，更是孩子进入性别敏感期的表现。这个时候，家长应该对不同性别的孩子进行区别教育，帮助孩子确定自己的性别特点，教会他们学会自我保护。

比如，不要给男孩子穿裙子、梳小辫；不要给女孩子做过多的男性打扮，要教会女孩温柔；爸爸不要和女孩一起换衣服、洗澡、去洗手间；不给女孩子穿哥哥留下的衣服，并且留太短的头发；教孩子正确地认识性器官，教会女孩保护好自己的"小屁屁"，不要让男孩总是玩弄自己的"小鸡鸡"。

一旦父母忽视了孩子的性别敏感期，没有给予孩子正确的教育和引导，或是做出错误的行为，孩子就很容易造成性别错乱。

牛牛是一个 5 岁的小男孩，长得非常文静、秀气，平时也非常听话。但是所有人都发现了一个问题，那就是牛牛一点儿都不像小男生，反而像极了小女生。平时他不像其他男孩一样到处疯跑，更不愿意和男孩一起做

游戏，可是却愿意和小女生玩在一起。

其他男孩想要和他一起踢球，他却皱着眉头说："我不喜欢踢球，这太无聊了！"而别的小女生在一起叠纸、玩布娃娃，他反而就凑到一旁，小声地说："我想和你们一起玩，可以吗？"

同时，牛牛也非常娇气，时不时就哭鼻子。被同学绊倒了，别的孩子拍拍身上的土，毫不在乎地就爬了起来，可是他却委屈地哭了起来；和其他小朋友发生争执，老师刚要了解一下情况，他的眼泪就下来了。

当然，牛牛之所以这样，和他妈妈的教育分不开。在怀牛牛的时候，妈妈非常喜欢女孩，并且以为他是一个女孩子，所以给他买了很多漂亮的小裙子。虽然后来知道了他是男孩子，可是这些衣服却不能直接扔掉，于是妈妈就把他打扮成女孩子的样子。直到3岁的时候，牛牛依旧穿着小时候的裙子。

虽然牛牛年纪小，并不懂得男女的差别，但是这就好像是种子一样，埋藏在他的内心之中，给他懵懂的心产生了不小的影响。再加上爸爸妈妈对牛牛非常宠爱，总是刻时守护着他，不让他做运动量大的活动，不让他爬上爬下。所以，牛牛直到5岁了，说话还娇声娇气的，没有一点儿小男子汉的气概。

可以说，孩子的性别错乱完全是父母造成的。虽然牛牛知道自己是男孩子，但是却没有清晰的性别特征，导致从行为到心理上都具有明显的女孩特征。

要知道，敏感期是孩子成长过程中至关重要的时期。一旦父母给予孩子错误的引导，那么就将给孩子带来无法弥补的伤害。所以，千万不要觉得孩子小就忽视了孩子性别意识的建立，甚至觉得把男孩当女孩养并没有什么大不了的。

那么，孩子进入性别敏感期，父母应该怎么引导呢？

1. 明确地告诉孩子"你是男孩／女孩"，并且给孩子灌输性别引导

孩子2岁左右就已经有了性别意识，这时候父母要明确地告诉孩子"你是女生，妈妈也是女生，而爸爸则是男生"，并且告诉孩子男生和女生是不同的。

比如，男孩子有"小鸡鸡"，女孩子没有"小鸡鸡"；男孩子要穿裤子，女孩子要穿裙子；男孩子要勇敢，跌倒了不能哭，女孩子要温柔，不能太淘气；男孩子喜欢小汽车、手枪，而女孩子喜欢布娃娃……

随着父母的慢慢引导和教育，孩子就有了清晰的性别意识，并且知道什么应该做、什么不应该做。

2. 教孩子认识自己的身体，给予孩子一定的性教育

当孩子有了性别意识，就是对自己的身体和别人的身体产生好奇心，尤其是男孩子，会被自己的"小鸡鸡"吸引，想要用手去摸。这时候，父母不要大声制止或是打骂孩子，更不要羞于教育孩子。

只有我们告诉孩子"小鸡鸡"到底是什么，是用来做什么的，并且积极地引导孩子，那么孩子就会停止这样的行为，并且建立正确的性别观。

3. 营造良好的家庭环境

想让孩子健康地成长，更好地度过敏感期，我们还应该给孩子营造良好的家庭环境，不能让孩子生活在一个过于男性化或者过于女性化的环境。

对于男孩子来说，爸爸要多给予孩子陪伴和引导，增加孩子的男子勇气和胆量。妈妈也应该避免溺爱孩子，多多锻炼孩子，给男孩子讲一些英雄故事。而对于女孩子，妈妈要多陪伴，多让她们和女孩子一起玩耍，多和孩子谈心。

第八章

理性沟通，
解决孩子成长中学习的烦恼

用心观察，孩子的厌学情绪来自何方

　　杨浩已经上初中二年级了，厌学情绪很浓，不止一次打电话给在外地打工的爸爸妈妈说："我不想上学了，我想去打工。"妈妈在电话里苦口婆心劝说杨浩："孩子，不上学就没有出路，就像我和你爸爸一样，一辈子只能辛苦打工，还赚不到多少钱，也不能把你们带在身边。你一定要好好学习，才对得起我和爸爸的辛苦，才能让自己以后的生活好一些。"然而，杨浩从来没有听进去妈妈的话，他很懊恼地指责妈妈："你们从来不管我，还想让我学习好？人家其他同学都上补习班，就我没上，我怎么考得过别人？！"妈妈意识到杨浩可能在学习上遭遇了困境，为此问杨浩："你觉得学习特别吃力吗？"杨浩说："当然吃力。尤其是英语，老师上课在讲什么，我都听不懂。"妈妈继续问："找个老师给你补习英语，你觉得行吗？"杨浩显然没有自信："谁知道能不能补上去呢！"

　　为了杨浩的学习，妈妈特意从打工的地方回到家里，专程去拜访英语老师。老师对于杨浩几乎没有印象，对妈妈说："英语是语言学科，不是恶补就能补上来的。还要看孩子的天赋、是否愿意学等各种因素。你要是实在想给孩子补，我可以给你们介绍一个专门补课的老师，让孩子多多努力吧！"妈妈事后和杨浩沟通，杨浩愤愤不平地说："英语老师就是带着有色眼镜看人，我可不想和她补课！我最讨厌她了！"妈妈不解："你为什么讨厌英语老师呢？"杨浩说："她只喜欢学习好的学生，从来不关心我们。"妈妈安慰杨浩："杨浩，如果你当老师，你喜欢学习好的学生，还是喜欢学习差的学生呢？"杨浩想了想，无法回答妈妈的问题，妈妈说："你当然也会喜欢学习好的学生，因为学生学习好，考试分数高，才能给老师脸上增光。这是人之常情。不要抱怨老师，等到你英语学习好了，老师当然也会喜欢你，这么看，主动权还是在咱们手里，对不对？"杨浩点点头。

随着英语成绩的不断提高，杨浩的厌学情绪渐渐减弱。到了初中三年级，他已经成为班级里的中等生，老师还鼓励他争取考上师范中专呢！他渐渐找回信心，变得越来越坚强和独立。

在这个事例中，杨浩之所以厌学，是因为他不擅长英语。众所周知，孩子应该全面地发展，才能在各门学科都有所收获，考出好成绩。而当孩子的某一门学科学习很糟糕的时候，他们就会因为这门学科而变得自卑，尤其是当主要学科"瘸腿"的时候，孩子们每次到了考试的时候都会非常紧张，根本不知道如何调整好状态应付考试。

当然，并非每个孩子不喜欢学习都是因为不擅长某一门或者几门学科，很多时候，他们也许不喜欢任课老师，也许不喜欢课程内容，甚至还有可能只是因为不想被老师管着。作为父母，要想从根本上解决孩子的厌学问题，就要用心观察孩子，分析孩子学习成绩波动的原因，从而找到导致孩子不喜欢学习的症结所在。只有有的放矢、对症下药，父母才能积极地改变和消除孩子的厌学情绪，让孩子意识到学习是很重要的，也心甘情愿、全力以赴地投入学习之中。

家长不切实际的期望，徒增孩子的压力

小华刚上小学时学习成绩比较好，但是慢慢地，就开始为学习感到苦恼。小华一直很听话，她每天都很认真地学习，认真地完成作业，做好复习和预习，但是即使这样，小华的考试成绩总是很不理想。她的付出与成绩不成正比，妈妈也替她着急，感觉有点儿想不通。

随着上的年级越来越高，学的科目越来越多，同时各种考试、测验纷至沓来。一些孩子对于每一次考试、测验，无论其大小，都抱有很大的期望，这种不分轻重的期望转化成了压力。如果考出好成绩，接下来期望会更高，如果成绩不理想，则倍感受挫。不切实际的期望和随之而来的失望，循环往复，考试的压力很快变成了心理压力、精神压力。

"目标"一词在心理学中的含义是个体在动机活动中努力追求的结果，"目标导向"是很多人行为动力的来源。当学生按照目标发奋学习时，我们就可以把学生的这一行为看作是"目标导向"。在这种行为中，学生一般意识到他们的现状和理想目标差距不是很大，因为目标差距不大带来的激励，学生就会努力学习将这中间的差距消除。心理学家认为，目标之所以对人起着激励作用，是因为目标能指引人集中精力去完成当前的任务，同时激发人的努力，促使人寻求新的策略，改进学习方法。

调查结果发现，如今分数高低成为一些父母衡量孩子学习好坏的唯一标准。实际上，分数只是衡量学生学习效果的标准之一，考试分数无法全面反映一个学生的综合素质。即使单纯地看考试分数，也存在一个相对分数的问题，即成绩排名次序的变化，这与考题的难度、学习氛围、知识点的掌握、应考心理，甚至情绪变化等诸多因素都有很大的关系，绝不仅仅是某一个环节导致的成绩差异。也就是说，学习成绩不是一蹴而就的。

以考试成绩为目标是很常见的学习目的。以考试成绩作为目标的学生要通过与他人比较显示自己的能力，他们关心获得好的分数。然而他们更关心别人的评价，却不太关心自己学到了什么。

其实，比较有效的学习目的是以任务为目标。学生若以学习或掌握为目的的话，这样的学生更喜欢接受比较有挑战性的事物，他们往往具有直面困难的勇气。他们主要关心自己掌握知识和能力的提高，不注重学生之间的比较。他们也会寻求他人的帮助，运用较合适的认知方法和学习策略。

荒芜的土地不能提供粮食，智慧的甜果长于勤勉之树。当我们讨论"减负"的时候，父母不会不想到孩子学业的甘苦问题。"苦学"是精神，"乐学"是心境，两者需要凝聚成合力，才能够使孩子攀登知识高峰、完善自己，自我构建创造型人才，在知识经济时代始终把握主动权以立于不败之地。

苦学、苦读、苦干是荀子所主张的"学不可以已"的治学思想和"锲而不舍，金石可镂"的坚忍顽强精神。然而并不是只要能吃苦才是学习的方法。学习难免需要吃苦，吃苦可以帮助成长，为了让孩子学习，还得让他们乐于学习。

父母需要改变的是原始的教育手段，需要的是积极的、科学的、适合的教育方法，把孩子引向自觉、主动、勤勉、奋发的正确而健康的学习轨道上来。

乐学，就是把学习当作一种乐事，心情愉快地学习。主观的心理因素和客观学习环境都缺一不可。

孩子只有乐学，自觉主动地学习，才能具有强大的精神动力，才能挖掘出心智潜能中的非智力因素。

就学习而言，考试这种方式本身没有错，需要纠正的是人们对待考试的态度。成绩理想的，应戒骄戒躁，设定能力所及的合理目标；成绩不理

想的，不要妄自菲薄，不要灰心丧气，应分析问题，解决问题，准备再战。

当孩子因考试成绩不理想而产生挫折感时，父母一定要给孩子更多的安慰，为孩子营造一个平和的家庭氛围，鼓励孩子认清自身实力，引导孩子走向成功求学的道路。

成年人还需要婉转的表达方式消除心理上的恐惧和负担，更何况是孩子呢，激励和暖心的话对孩子来说无异于雪中送炭。例如：两个孩子犯同样的错误。对孩子 A 说："你总是犯这种错。"而对孩子 B 说："没想到你会犯这样的错误，这可不是你的风格。"孩子 A 就会认为，"反正犯错的总是我"，干脆放任自己。而孩子 B 就会觉得，"我以前也没犯过这样的错误啊，究竟错在哪里了呢"，从而探究错误的根源，下次再遇到类似的问题就不会再犯错误了。

父母对于孩子在学习上必须说的问题的时候，什么样的方式方法最合理，最能被孩子接受。父母只要在说话方式方法上做足文章，预期效果也就不难达到了。

学习是痛并快乐着的过程，如何让孩子在学习中减少痛苦感，激发对学习的热情，是父母引导和培养孩子正确看待学习的关键。

激发孩子学习兴趣，
从"让我学"变成"我要学"

　　每个周末的时候，雅菲的学习和生活节奏比平日里更快。她一天要赶场 4 个补习班、培训班，早晨和平日里一样 6 点钟起床，接下来就是不断地赶往一个个培训机构。为此，当班级里的很多同学都盼望着周末到来的时候，雅菲却说："我可不想过周末，就像打仗一样，还是上课的日子里更自由，至少没有我妈在旁边催促着'快，快，快'！"同学们听到雅菲的想法都感到很奇怪："周末多爽啊，可以睡懒觉，可以玩游戏。"雅菲无语。

　　一个周六的早晨，雅菲因为感冒头疼欲裂，怎么也起不来床。妈妈对雅菲说："雅菲，坚持一下。这一节课好几百呢，缺了可不好补，你能眼睁睁看着几百块钱就这么打水漂了吗？"雅菲对妈妈说："我能！"妈妈拉着雅菲起床，雅菲崩溃地哭起来："我感冒了，我生病了，就不能睡个懒觉下午再去上课吗？"妈妈斩钉截铁地回答："不能，你就死了这条心吧，今天只要能起床，就必须去上课。"雅菲索性用被子蒙住头赖在床上，无论如何也不起来。后来，还因此被妈妈揍了一顿！

　　在这个实例中，雅菲的周末学习节奏显然太快了。作为成人，每周工作 5 天之后，还要留出 2 天的时间休息，调整情绪和身体状态，更何况是孩子呢？遗憾的是，在现实生活中，很多父母平日里工作忙碌，周六日休息的时候就盯着孩子一定要努力，绝不允许孩子有片刻休息的时间。在这种情况下，孩子感到身心疲惫是理所当然的。作为父母，固然望子成龙、望女成凤，但是也要讲究方式方法，而不要总是对孩子寄予不切实际的期

望。只有对孩子适度期望，才能激励孩子健康成长，否则如果总是指责和训斥孩子，如果总是否定孩子，则孩子必然觉得身心疲惫，也许会像雅菲一样崩溃大哭，死活赖在床上不起床呢！

很多父母都说孩子缺乏自制力，无法很好地管理自己。的确，这是事实，也符合孩子的身心发展特点。但是，难道因此父母就可以把孩子当成自己的机器去遥控和指挥了吗？当然不行。父母要尊重孩子，给予孩子自由成长的空间，而不要以任何原因和理由去死死地限制孩子。正如人们常说的，兴趣是最好的老师，如果孩子对于学习失去兴趣，则不管父母怎样威逼利诱或者想办法强制，都是无法让孩子爱上学习的。为此明智的父母知道，要想改善孩子的学习状态，端正孩子的学习态度，当务之急就是给予孩子正确的对待和启发、引导，激发孩子对学习的兴趣，引导孩子发现学习过程中有趣的事情，这样一来孩子才会从"让我学"变成"我要学"，学习的状态才会有非常明显的改变。

不要压制孩子的天性，学习需要寓教于乐

鹏鹏是一个 10 岁的孩子，他活泼可爱，精力旺盛，下课后经常和同学们在操场上踢足球。周末的时候，鹏鹏的绝大部分时间也花在玩上，不是和小伙伴们约着一起去踢球，就是在家里看电视、玩游戏。

本来鹏鹏的父母也不太管教孩子，认为孩子贪玩并不是大问题，只要按时完成作业就可以了。可是最近，爸爸发现鹏鹏的学习成绩有些下降，便特意给孩子安排了一些家庭作业，希望他能好好努力，尽快把学习成绩搞上去。

这下鹏鹏不乐意了。他不满地说，"爸爸，老师留的家庭作业已经够多了，您为什么还要增加我的负担呢？再说了，我已经参加了学校组织的'特会玩'，哪有那么多精力啊！"

爸爸一听鹏鹏的话，便严肃地说："参加什么'特会玩'？你不把学习成绩搞上去，就不要再想着玩了！"

鹏鹏不服气地说："学校都鼓励我们多参加课外活动，让我们多学习手工制作、踢毽子、玩球等，您为什么非要逼着我学习呢？"

爸爸生气地骂道："你就是因为不务正业，所以影响了学习成绩。现在，学习任务这么重，你还有心思参加什么'特会玩'的活动，真是太不听话了！你必须听我的话，按照我的要求来完成学习任务……"

见爸爸态度如此坚决，鹏鹏知道自己再怎么争辩也没有意义了，于是便打消了参加"特会玩"的念头。然而，虽然他每天放学之后都坐在房间内写作业，可却是身在心不在，总是想着玩的事情。结果一段时间之后，鹏鹏的成绩不仅没有提高，反而还出现了大幅度的下滑。

孩子贪玩，成绩上不去，家长确实心急。可事实表明，强制孩子学习，

剥夺孩子玩耍的机会，往往是没有什么大的效果的。相反，家长的逼迫和强制，易使孩子产生逆反心理，对学习失去兴趣和主动性。

父母们还应该知道，学习不仅仅是课本知识的掌握和成绩的提高，各种生活技巧的提高、思维方式的发展也是孩子的学习内容。所以，鹏鹏爸爸如果不是强迫孩子学习，而是告诉孩子"你可以参加这个'特会玩'活动，但必须保证成绩不能继续下降"，相信鹏鹏不仅可以提高成绩，还可以学到课本之外的更多的知识和技能。

因此，对于孩子的玩，我们不应该一味地强硬干涉，而是应该抓住孩子的心理。尤其是对于那些天生贪玩的孩子，我们更不能压抑孩子贪玩的天性，而是应该做到寓教于乐，让孩子在玩中学到他应该学到的东西。

那么，具体应该怎么做呢？

1. 不强制，不剥夺，尊重和顺应孩子的贪玩天性

某网站曾经和一家教育机构做过一次在线调查，结果显示：52.2% 的人由于小时候不能尽情地玩，上大学之后或是成人之后出现了"反弹"，开始肆无忌惮地大玩特玩。

因此，面对孩子贪玩的天性，家长们只能积极引导，尊重孩子的天性，而不是强制他们，剥夺他们玩的机会。否则，孩子的心理发展就会受到不良影响，甚至因为父母的遏制而越来越贪玩。

2. 玩也是学习的过程，家长要寓教于乐

心理学家孙瑞雪告诉我们："我们知道动物学上有一个说法，一只猴子如果在它的童年没有足够的玩耍，它长大以后就不会成为猴王。"玩是孩子认识世界、学习知识的一种重要方式，是孩子学习和思考的重要过程。

在玩的过程中，孩子不仅可以满足自己的好奇心和探索欲，还可以有机会提升自己的各项技能。比如，在与同伴玩的时候，孩子不仅通过游戏学会了表达自己、与人交际，还学到了解决问题的方法、交换意识，提高了心理承受能力、学习能力等。

3. 和孩子一起玩，让孩子在玩中学

家长也可以和孩子一起玩，通过玩游戏的方式，把相关知识和技能教给孩子。比如，有趣的智力游戏可以培养孩子的发散性思维和创造力；识字游戏可以让孩子认识更多的生字和词语；你比我猜游戏则可以让孩子知道很多成语、歇后语。

孩子的好奇心，是学习最好的推动力

9岁的孩子阿城，跟随父母来到美国。阿城的父母对孩子学习环境的大变化充满了担忧，恐怕孩子不能适应，影响到了学业。

不一样的是，以前孩子一放学就会拿出作业本专心致志地写作业，而现在孩子一放学就会跑去图书馆，抱回很多书籍，一边看书一边写作业。阿城的父母有些疑惑。阿城的爸爸趁孩子不注意的时候，悄悄地看了一眼孩子的本子。"我的昨天与今天"——阿城的本子上赫然写着这几个字。爸爸有些哭笑不得，一个9岁的孩子竟然写出了这样的题目。于是，阿城爸爸决定和阿城沟通一下：

"阿城，我能不能了解一下，你现在在做什么？"

"可以的，我正在准备写本书，书名我都想好了，《我的昨天与今天》。"阿城答道。

果然不出阿城爸爸所料。阿城爸爸觉得这样的题目有些大，一个9岁的孩子哪有那么多故事呀，恐怕连大学校园里的博士也不一定敢用这样的口气。于是，爸爸想表示否定，准备阻止阿城做这件事情。但否定的话语已经到了嘴边，又被阿城爸爸生生咽了回去。

"好的，孩子，我觉得很好，爸爸有个请求，希望等你大功铸成的时候，我有幸能做第一个读者，可以么？"一百八十度大转弯，连阿城爸爸自己都有些惊讶了。

过了两个月，阿城的大作完成了，是一本200多页的小册子。这里面写得五花八门、热热闹闹的：从婴儿时期，阿城还只是一个细胞起，到独立行走，到牙牙学语，再到第一次和小朋友握手、第一次去幼儿园、第一次和小朋友吵架、第一次给妈妈端水、第一次上小学……最后，书后面还列出了参考书。阿城的爸爸有些吃惊："这是我的孩子写出来的么？太神奇了吧。"

看着9岁的孩子兴致勃勃地完成了自己的大作，阿城爸爸意识到自己最初的决定是对的，不管结局如何，首先，保护孩子的好奇心和求知欲的初衷是非常准确的。阿城爸爸在心里悄悄地为自己点了一个赞。

由此可见，教育不应该只是让孩子学习课本上的知识，而应该更多地关注孩子的心理。对于孩子的好奇心和求知欲，家长应小心保护。孩养成一种良好的学习习惯不容易，而且对孩子而言可以说是终身受益。任何一位成功者都需要有一份纯粹的热情，如果没有了好奇心，那么，无数个苹果落地也砸不出万有引力定律来。

爱因斯坦说过："对于一切来说，只有热爱才是最好的老师。"因为热爱，才会产生兴趣，才会产生好奇心和求知欲，才会将被动学习转化为主动学习。主动学习和被动学习这二者之间的区别很大，产生的学习效果也有很大差别。在主动学习的过程中，孩子的注意力会高度集中，思维更敏捷，潜在的能力会被调动起来，因此学习效果会更好，成绩会更明显。因此，保护好孩子的好奇心和求知欲是维护孩子学习热情、引导孩子主动学习的最好方式。

保护孩子的好奇心和求知欲应从生活的点滴做起：

1. 孩子爱问为什么是一个好现象，家长要鼓励

孩子们的好奇心很重，到了一定年龄之后总是喜欢问为什么。这是孩子爱动脑、勤思考的表现，是一个非常好的现象。作为家长，一定要给予孩子鼓励和表扬，不要因为嫌烦就叱责孩子，否则，孩子还以为问问题是错误的行为，会本能地减少提问，进而减少对于外界的好奇心。

2. 尽量回答孩子的问题

对于孩子提出的铺天盖地的问题，很多家长都会觉得有些招架不住。对此，家长们一定要认真对待，不可乱说，实在不会的可以通过资料查找到正确的答案。如果家长们确实无法回答，可以让孩子自己去寻找答案。在从孩子提问到寻找答案的过程中，同样可以促进孩子的求知欲培养。

3. 不要让孩子看到你对提问的负面情绪

妈妈正忙着洗碗，孩子跑了过来，问道："妈妈，为什么我不能变成怪兽？"对于这个孩子问了一个晚上的问题，妈妈终于发脾气了，"有完没完，再问我这个问题，我就生气了。"孩子惊恐地看着已经生气的妈妈，"难道妈妈不喜欢我问问题？"类似这种场景生活中随处可见，孩子们天真的问题时常搞得家长不知该怎样回答，最后恼羞成怒，粗暴地让孩子闭上嘴巴。家长这种行为，会大大削减孩子的好奇心和求知欲。这一点，家长一定要引起重视来。不要因为回答不上来，伤了做家长的面子，就粗暴地制止孩子提问的权利。

每个孩子都是带着一颗好奇心来到世界上的，他们像一个个探险家，企图了解、探知他们不知道的神秘世界。因为有了这种原始的、本能的好奇心和求知欲，人类才能不断进步，社会才能不断前进。好奇心是孩子们渴望获得更多知识的动力，是孩子们不畏艰辛探索更高领域的勇气支撑，是孩子们快速成才的先天优势。因此，家长们一定要小心保护好孩子的好奇心与求知欲。

读书要有技巧，不能抱住死读

　　语文课是小明最喜欢上的课。语文老师不仅幽默风趣，而且还博古通今、旁征博引。因此，小明特别喜欢他的语文老师，喜欢上语文课。每天只要是上语文课，小明总是神采奕奕的。

　　有一天，小明终于忍不住了，就问老师："老师，怎样才能像您一样博古通今呢？"

　　语文老师笑了笑说："只要你能多读书，和书籍做朋友，那么很快你就会超过老师的。"

从此，小明便开始疯狂地读书。可是经过一段时间之后，小明却发现自己还是不能旁征博引。很多名词典故，小明明明已经阅读过了，可是真到用的时候就不知道引用了。于是，小明又找到语文老师问道："老师，为什么我读了很多书，还是不能像您那样旁征博引，讲出来的道理总是能够引经据典。其实很多经典我也知道，为什么我就不会引用呢？"

老师说道："小明，你不能为了读书而读书，读书的目的是为了利用书中的知识。因此，在读书的时候，你要用心领悟书中的真谛，要尝试着结合实际生活。老师以前一直都很自卑，因为觉得自己不够聪明，很多知识看几遍也背不下来，直到有一天我听到了这样一个故事，才改变了自己。"说到这里，老师决定将自己的小秘密告诉小明。

原来，老师小的时候也读了很多书，为了能够记住书中的知识，老师一遍又一遍地背诵，可就是背不下。忽然有一天，老师在书上看到了这样一个故事。故事说，一只小牛不会耕地，为了不被主人惩罚，它找来了很多相关书籍一遍又一遍地阅读，可是它还是不会耕地。直到有一天，隔壁的老黄牛提醒它："嘿，小家伙不要死读书呀，那样你永远也学不会耕地。要一边尝试着耕地，一边看书，这样一来二去，有两次就会耕地了。"小牛听完之后，按照老黄牛的方法尝试了一下，没想到只做一遍就会耕地了。小牛忍不住感叹道："原来耕地这么简单。"

小明听完老师的讲述后，立即明白了故事的含义。的确，书籍上的知识再丰富，如果不能学以致用，读再多的书又有什么用呢？

雨果说："书籍是改造灵魂的工具。人类所需要的，是富有知识的养料。"好的书籍能带给人们珍贵的知识，让一个贫穷的孩子成长为一个拥有巨额财富的成功人士。为此，鲁迅先生把别人喝咖啡的时间都用来读书了。书籍让鲁迅先生成为了一代文豪。然而，这并不意味着所有肯读书的孩子都能获得成功。读书也需要技巧，不能读死书，要学以致用，这才是读书的真正目的。

对于孩子来说，多读书是增长知识的主要途径。在这个知识高速更新的时代，孩子们更要每天读书，充实自己，这样才不会被时代淘汰。当然，读书的时候还是要讲究方式方法的。

1. 书籍结合实际

美国老师布置了一项家庭作业。父亲非常奇怪："老师布置了作业，你为什么不看课本，反而要去图书馆和在电脑上查找一些相关资料呢？"孩子回答道："谁说作业一定要在课本中找答案呢。"父亲看了看作业的题目——"从中国到美国"。父亲心想，"这样的题目，简直可以成为研究生的论文了，这让孩子怎么完成呀。"

过了几天，孩子的作业做完了，厚厚的一摞，讲述了中国从古代到今天的发展，同时又研究了美国的人文习惯，最后孩子还模仿其他书本制作了目录。父亲惊讶了。

这就是学以致用，学无定律，用无定法，边学便用，与实结合。

2. 认真思考，将现实中的问题回归书籍

世间的很多问题已经反反复复存在了几千年。纵观古今，已经有很多仁人志士在书籍中总结出了标准答案。我们要做的就是将现实中的问题回归书籍，寻找最准确的答案。

事实上，读书是最简单的事情，学以致用才是最难的部分，能够将自己所学的知识灵活运用到实践中才是真的学问。

告别考试焦虑症，
让孩子以轻松的心态迎接考试

　　明天就要期末考试了，子乔呆呆地坐在书桌前，既没有在看书学习，也没有听到妈妈喊他吃饭，就像在神游物外一样。妈妈喊了子乔好几声也没有得到回应，因此着急地走到子乔身边，对子乔说："子乔，吃饭啦！"子乔一下子被惊醒，无精打采地回答妈妈："我不想吃，没胃口。"妈妈看到子乔的样子，还以为子乔生病了呢，赶紧伸出手去摸了摸子乔的头，说："不热啊！不像感冒。"子乔把妈妈的手拿开，厌烦地说："哎呀，我没有生病，我只是不想吃饭而已。"妈妈不由分说地拉着子乔站起来，走向餐桌："不吃饭怎么行呢，明天就要考试了，吃饱饭才有力气复习，才能考取好成绩啊！"没承想一听到"考试"二字子，乔倒是来了精神，对妈妈说："考试，考试，你能不能不要把考试挂在嘴边，好像生怕我把考试忘记了一样。我告诉你，妈妈，我此时此刻满脑子都是'考试'二字，甩都甩不掉。"妈妈不想和子乔起冲突，指着桌子上的糖醋排骨对子乔说："快看，这是什么！"

　　子乔才吃了一块排骨、几口米饭，就放下碗筷，说："我要去看书了。不然满脑子都是糖醋排骨，考试该考不好了。"说着，子乔就站起来，自顾自地朝着房间走去。妈妈看着子乔弯腰驼背、疲倦无力的样子，无奈地摇摇头："这才上小学就被考试愁成这样，以后到了初中、高中，可怎么办呢？非得被天天的考试吓死。"

　　子乔的表现，是典型的考试焦虑症。因为马上就要考试了，子乔忍不住感到紧张焦虑，为此导致食欲受到影响，而且还会出现失眠多梦等现象。有些孩子平日里学习很好，一旦考试，因为受到考试焦虑症的困扰和负面影响，总遇发挥失常，成绩非常糟糕。也有些孩子面对考试很轻松，可以很好发挥，反而使得考试成绩得以提升。要想帮助孩子缓解考试焦虑情绪，应注意以下几点。

1. 父母不要把考试、成绩等挂在嘴边

大多数孩子之所以考试焦虑，就是因为过于看重父母对他们成绩的评价。此外，父母也不要总是把自家孩子拿去和别人家的孩子进行比较，否则就会挫伤孩子的自信心，也会使孩子无法以从容的心态面对考试和学习。

2. 父母不要吝啬认可和表扬孩子

很多孩子都缺乏自信，而表现出自卑的样子，这是因为他们的自我评价能力不足，所以常常会把父母对他们的评价作为自我评价。在这种情况下，如果父母很吝啬给予孩子积极的评价，而总是挑剔和苛责孩子，则孩子的自我认知和评价就会出现偏差，甚至处处否定自己。

3. 父母营造轻松的备考环境

当孩子在考试之前把所有的精神和注意力都集中在考试上的时候，父母可以想方设法转移孩子的注意力，如带着孩子做一些有趣的游戏，或者陪伴孩子一起看一场电影、听一场音乐演奏，都是很不错的选择。父母切勿觉得孩子在考试之前只能看书复习，而不能做任何事情，这样的做法恰恰会导致孩子变得非常紧张和焦虑。明智的父母是想办法帮助孩子放松，保证孩子正常发挥，而不是抱着"临阵磨枪，不快也光"的想法，与孩子较劲，扰乱孩子考试的心情。父母放松，才能给孩子营造最好的备考环境；而父母越是紧张，孩子就越是紧张，只会导致事与愿违。

独立思考

学会自律

做家务

一起旅行

第九章

独立自主，
是孩子迈向健康成长的基石

孩子的肆意妄为，
往往来自父母的娇生惯养

青青今年 6 岁了，天真活泼，却也极为任性，自己想做什么就做什么，完全不听父母的话，这让父母头疼不已。其实青青 2 岁的时候十分乖巧听话，她的父母和爷爷奶奶担心她长大后太老实，被人欺负，于是决定采用放任政策养育她。只要是她想吃的东西，父母就给她买来；想去哪里玩，就由爷爷奶奶带着去；喜欢什么玩具，就给她买什么玩具。但是这些做法慢慢地助长了青青的任性，她只要稍感不如意，就又哭又闹，满地打滚。

一天，青青想出去玩，但外边下雨父母不同意，青青就又哭又闹，妈妈担心她哭坏了身体，打着雨伞穿着雨衣把她带了出去。青青尝到了哭闹的甜头，之后更是为所欲为。还有一次，她跟妈妈到超市买东西，妈妈临出门的时候告诉她说："一会儿家里要来客人，我们到超市买些蔬菜水果就回来，不能玩太长时间。"青青刚开始答应了，可是一到超市看到柜台上摆着的玩具，就过去摆弄，早把妈妈的话抛到一边了。

妈妈陪她玩了一会儿，一看时间快到了，赶快劝说："青青，我们先去买菜，等下午有时间了妈妈再带你来看玩具，好吗？"青青很生气，小脸一下拉下来了，说道："不要，不要，我就要在这里看这些洋娃娃。"妈妈再次劝说还是不管用，就想将青青拉走。青青被激怒，她先是大哭，一边哭一边打妈妈，嘴里还喊着："妈妈坏，不喜欢妈妈，妈妈走开！"见妈妈要抱起她，她居然躺地上打起滚来。

没一会儿，旁边就围了好多人，他们都劝说："孩子赶快起来吧，地上凉。"可不管别人怎么说，青青就是不理睬。这时，人群中有人议论道："哎呀，这孩子怎么能这样，太任性了，她妈妈都管不了她。"青青的妈妈听到后，觉得很尴尬。

当父母对孩子的任性感到头疼不已的时候，很可能不是想寻找一种方式去改变孩子，而是不断压抑自己的情绪，并安慰自己道："没关系，这说明孩子懂得坚持自我。"当然，每个孩子都有自己独一无二的个性，这是无可厚非的，而且他们有毅力，能坚持也是不错的品质。但父母依然要弄清楚，坚持自我与肆意妄为之间的区别。

所谓坚持自我，就是坚持自己的想法，即使遇到再大的阻碍和困难也依然不放弃，这是一种顽强拼搏的精神，对人一生的成长十分有帮助。可肆意妄为是什么呢？那是一种偏执，不管自己做的事情是对是错，都要倔强地往前走，不听别人劝告，也不受任何人约束，是一种缺乏自制力的表现，这样的人一旦走入社会，会栽跟头吃大亏。

显而易见，每位父母都希望孩子成为前者，即坚持自我。既然如此，当孩子任性的时候，父母一定要及时给予关注，千万不可因一时忍耐而酿成终生大错。父母可以尝试用以下方式对待孩子。

1. 当父母遇到孩子不服管教的时候，一定要意识到事情的严重性

如果管教及时并得当，可以确保接下来事情的顺利进行；如果任凭孩子肆意妄为，不但会影响孩子的心情，也会导致所有人情绪低落。尽管孩子是家中的宝贝，父母也要及时告诫他们这么做是错误的并狠下心来让他们接受应有的惩罚。

2. 孩子发脾气时，不要急着去安慰

当孩子因为某种愿望没有达成，大发脾气，哭闹不止时，父母先不要着急去安慰他们，也不要表现出自己的怜悯之心，让他们觉得有商量的余地。父母首先要做的事情是保持沉默，以冷漠的态度对待他们，也可以暂

时回避他们，让孩子知道哭闹是丝毫没有用的。

3. 孩子肆意妄为往往是为了得到一种满足感

聪明的父母应该做的是合理满足孩子的需求。当然，要想合理满足孩子的要求，先要弄清楚孩子的要求是不是合理，再视情况行事。例如孩子一天没有见到父母，想和父母拥抱一下，让父母给他讲个故事，这种要求是合理的。如果等孩子发脾气，又哭又闹的时候，父母才答应他的要求，这样做于事无补，反而助长他们的任性。满足孩子的要求要讲究条件，对其不合理的要求一定要坚持原则，绝对不能妥协。

4. 孩子任性时，借助周围的事物转移注意力

当孩子哭闹任性时，也可以借助周围的事物转移他们的注意力，例如让他们看一件有意思的玩具，或是对电视节目故意装作惊讶吸引孩子的注意力，孩子的关注点转移到其他地方，自然会忘记刚才发生的事情。当然这种方式适用于年龄小的孩子，年龄大的则不容易被吸引。

任何行为的改变都需要有一个过程，父母切莫着急，只要细心引导并给予合理教育，孩子就会逐渐改掉肆意妄为的行为。

独立思考，是迈向独立成长的基础

如如和苏苏是姐妹，如如大苏苏 5 岁。在如如小时候，家里的经济条件不是很好，爸爸妈妈平时忙于工作，很多家务活都是如如自己做。

如如 8 岁那年，家里迎来了第二个孩子苏苏。在苏苏出生不久，爸爸妈妈的工作也逐渐走上了正轨，有了更多的时间照顾孩子。因此，苏苏可谓是"含着金汤勺"出生。从小，爸爸妈妈视她为掌上明珠，如如也很照顾妹妹。因此，苏苏从幼儿园到小学毕业的这段时间，可以说是无忧无虑，在家长和姐姐的呵护下，她在生活和学习上都很顺利。

渐渐地，苏苏小学毕业了，准备升入初中。在家长看来，苏苏从小聪明伶俐，而且小学时成绩很理想，上初中也会很优秀的。而且如如的成绩一直都很理想，如果苏苏在学习上遇到了什么困难，也可以找姐姐给她辅导学习。

可是苏苏上了初中以后，成绩却并不理想，而且在与同学相处、解决事情方面也显得很不成熟。在一次家长会上，苏苏的班主任和苏苏的家长进行了一次谈话。

班主任说："苏苏呀，很聪明，也很活泼可爱。可是在很多方面，孩子好像不会独立思考和处理事情。比如苏苏上课时发现忘记了带书，不会想着回家取书，或者向同学借书学习，而是什么都不做，只是坐在位子上。如果不是老师及时发现，帮苏苏从办公室借了一本书，苏苏可能一节课都听不好。"

爸爸说："我们家苏苏在家里是妹妹，上面有一个姐姐。平时，我和苏苏的妈妈，还有她姐姐都很照顾她。遇到事情一家人帮苏苏解决问题。我以前认为孩子大了，接触的事情多了自然能学会独立思考，学会寻找解决问题的办法。可是从孩子现在的表现来看，这种想法是错误的。"

班主任说："是啊，孩子在养成独立思考和解决问题的能力过程中需要家长的帮助。"

回到家后，爸爸仔细想了这些年对苏苏的教育，确实没有好好鼓励苏苏独立思考，主动寻找解决问题的方法，家长确实要改变一下对孩子的教育。

从上述案例中不难看出，如如和苏苏小时候的成长环境不同。如如小时候，家里的条件更加艰苦些，自立能力更强，独立思考的能力也更突出。妹妹苏苏，则更加依赖家长和姐姐。

在现代社会中，很多家长都将孩子视为自己的心肝宝贝。有的家长甚至想着能帮孩子解决生活和学习中的一切困难，让孩子的生活一帆风顺、事事如意。殊不知，"授人以鱼不如授人以渔"，家长与其帮助孩子解决问题，不如帮助孩子培养独立思考、解决问题的能力。这样不仅可以培养孩子的独立意识，而且可以让孩子在以后的人生中更好地生活。

一个独立的人，应该有独立的思想、独立的人格和独自生活的能力。但人类是群居动物，一般没有自给自足的能力，只能说某个人有独立的能力。独立思考能力可以理解成孩子用自己的价值观来判别一定事物的能力。

思考就像播种一样，播种越勤，收获也就越丰。一个善于独立思考的孩子一定能品尝到清甜的果实，享受到丰收的喜悦。爱因斯坦说："学会独立思考和独立判断比获得知识更重要。"他还说："不下决心培养思考习惯的人，便失去了生活的最大乐趣。"父母要有意识地培养孩子独立思考的习惯，慢慢引导孩子主动去发现问题，继而独立思考问题，并在思考中解决问题。如果父母为孩子把什么都安排得十分妥帖周到，从来不鼓励孩子独立思考，这样下去就会渐渐地扼杀孩子的思考能力。父母可以从下面一些方法培养孩子独立思考的能力。

1. 创造思考的氛围

父母不能因为孩子太小、需要自己的照顾就自然地把孩子当成了附属品，并且通过各种方式来支配孩子的言行。其实，孩子也有自己的思考，他们也有自己的世界、自己的空间。若孩子有什么特别奇怪的想法，父母也要允许这些想法的存在，并积极加以引导，给孩子一个独立思考的机会。父母可以与孩子一起逛动物园、科技馆，和孩子一起阅读故事书或者看电视，然后让孩子思考"你看到了什么""你听到了什么"，引导孩子思考事物本身之外的问题，并从思考中获得答案。

比如，有的父母通过朗读简单的故事来引导孩子思考问题，他先让孩子读一篇故事，然后和孩子一起讨论，由此引发孩子联想出一连串问题。很快，这个孩子就表现出了远胜于同龄孩子的思考能力。

2. 让孩子学会独立思考

父母在与孩子的相处过程中，要以一种商量的口吻讨论，多留给孩子自己思考的空间，为孩子提供一个提出自己想法的机会。比如，父母可以依据谈话的内容向孩子适当提问"你觉得这是怎么样的""如果是你，你会怎么样去做""对这件事，你是怎么想的"。这样提出一些问题，诱导孩子逐步展开思考。如果孩子长时间处于思考中，父母不要着急，应该给孩子留足够多的思考时间，也不要急于把答案告诉他们。即便孩子答错了，父母也不要横加指责，而是应该引导孩子独立思考，引导他们去发现和纠正自己的错误。

3. 鼓励孩子大胆发问

有人曾经问大哲学家穆尔谁是他最得意的学生，穆尔毫不犹豫地回答：

"是维特根斯坦。""为什么？""因为在我所有的学生中，只有他一个人在听我讲课的时候，老是露出迷茫的神色，老是有一大堆的问题。"后来，维特根斯坦的名气超过了罗素，当有人问罗素为什么会落伍时，穆尔坦率地说："因为他已经没有问题了。"由此可见，大胆的提问有多重要。所以，鼓励提问是智力教育的一种重要方法。父母应该鼓励孩子大胆提问，他们问得越多，就越能刺激独立思考能力。

4. 多给孩子独立思考的机会

孔子说过："学而不思则罔。"这是学习与思考的关系，也说明了思考对于学习的重要性。好奇心是孩子的天性，他们会不断地发问"为什么"，这时候父母要正确引导，不要压抑孩子的好奇心，这样他的求知欲就越来越旺，也激发了思考的欲望。

有的父母抱怨自己的孩子不喜欢动脑筋，不喜欢思考。其实这时候，父母应该问自己，在孩子的成长过程中，你有没有给孩子独立思考的机会？当孩子因为好奇心提出问题的时候，父母不要急于把正确答案直接告诉孩子，而是引导孩子积极探索，通过自己独立思考而获得答案，有意识地培养孩子独立思考的能力。

自律和独立，是相辅相成的一对兄弟

阿娇从小聪明乖巧，是家里的独生女，爸爸妈妈很疼爱阿娇。阿娇想要什么，只要说一声，家长基本上都会满足。阿娇平时在家里乖巧听话，在学校努力学习，成绩一直很理想。

渐渐地，孩子长大了。阿娇上了初中，学校离家更远，家长每天来往于学校和家之间，接送阿娇上学放学。在孩子初二的时候，阿娇的爸爸妈妈想着能不能让孩子住在学校。在一次家长会上，阿娇的爸爸和班主任说起让孩子住校的想法。

爸爸说："老师，我们家离学校有些远，我和阿娇的妈妈工作有些忙，每天接送孩子上学放学很辛苦。我们想和你商量能不能让孩子初二的时候住校，这样，也能锻炼孩子的独立能力。"

班主任说："阿娇这孩子啊，很聪明，平时也很听话。可是，孩子不够独立，平时遇到事情也很难自己解决。比如，孩子在班里与其他同学发生了矛盾不会自己去解决。而且，孩子不够自律，生活上的很多事情都不能自己处理。如果突然住校，可能会影响孩子的学习。"

爸爸说："唉，我真没想到孩子这么不独立。看来我和阿娇的妈妈确实有些溺爱孩子，对孩子的情商教育也不够。"

班主任说："住校对孩子的自立能力是一个很大的考验。如果处理不好，对孩子的成长和发展有害无益。我建议你们好好教育孩子，让孩子更自律。"

爸爸说："班主任今天说的事情我会好好考虑的，确实啊，孩子只有自律了，才能更独立。"

晚上回到家以后，阿娇的爸爸和妈妈说了班主任今天反映的情况。家长决定调整对孩子的教育，着重培养孩子的自律能力。一个学期过去了，阿娇不仅在生活上更加自律，学习成绩也稳步上升，变得越来越优秀了。

其实，在生活中，很多家长都在想着如何让孩子更好更快地迈向独立。独立，不仅能锻炼孩子品格，而且可以提高孩子的智商、情商、德商。自律作为一种优秀的品质，在孩子健康成长的过程中发挥着积极作用。

自律，指孩子在没有人现场监督的情况下，通过自己要求自己，变被动为主动，自觉地遵循制度，拿它来约束自己的一言一行。自律并不是让一大堆规章制度来层层地束缚孩子，而是让孩子自己用自律的行动创造井然的秩序，来为自己的学习与生活争取更大的自由，完成自己想要的目标。

拥有自律品质的孩子在面对问题与处理事情的时候都更加井井有条。有些孩子会认为自律是自由的反义词，自律会约束他们的行动和自由。家长要改变孩子的这种认知，让孩子知道：自律能帮助他们达到想要的目标，无论是智慧、财富、情感还是荣誉。从长期来看，自律才可以带来真正的自由。

古希腊哲学家毕达哥拉斯说："不能约束自己的人，不能称他为自由的人。"家长应该要孩子学会约束自己、管理自己，变被动为主动，自觉地遵学生日常行为规范，拿它来约束自己的一言一行，让孩子知道只有先自律才能有真正的自由。自律的孩子更易迈向独立。

在关于家长如何教导孩子通过自律走向独立方面，有以下建议供家长参考：

1. 教孩子定出计划并按时执行

衡量孩子是否独立的重要标志是孩子能否按规定完成事情，自律是孩子按时完成事情的重要品质。家长帮助孩子定好做事的计划，并监督孩子坚持按计划完成，可以帮助孩子养成良好的习惯。定计划可以减少孩子因为心情不好、懒惰等原因而不做自己该做的事情。家长帮助孩子制定合理的计划可以让孩子养成准时做完事情的习惯。

家长可以指导孩子树立系统而长期的目标，让孩子把握好做事情的时间，按时完成目标。

2. 教导孩子享受过程、注重结果

孩子做事不自律、半途而废，一部分原因是孩子觉得事情很难。家长可以引导孩子想象自己完成目标的喜悦，用成功的结果鼓励孩子克服眼前的困难。家长也可以引导孩子去享受完成事情的过程，从中找到做事的乐趣。孩子可以在做事情的时候不放弃、不抛弃，对培养孩子独立的性格具有极大的好处。

自律需要孩子抵制住眼前的诱惑，脚踏实地地完成手中要做的事情，这需要孩子不断地鼓励自己坚持下去，既看到美好的结果，也可以好好把握过程。

3. 家长要为孩子创造自律的环境

家长应该主动帮助孩子创造自律的环境。处于中学阶段的孩子在价值观和世界观方面并没有完全形成自己的观点，在很多方面需要家长的引导，需要外界环境的熏陶。为了让孩子通过自律走向独立，家长可以给孩子创造一个合适的环境。从大的方面来说，家长可以在孩子节假日期间带孩子出去旅游、做公益活动等，让孩子在接触社会的过程中锻炼自己的能力。从小的方面来说，家长可以在家里鼓励孩子独立做饭、洗衣服等。

家长主动为孩子创造适合自律的环境，可以在边教育孩子自律，一边给孩子讲道理，让孩子知道这样做的原因和目的，让孩子更好地学会自律，走向独立。

让孩子学做家务，在劳动中提高自主性

　　周末大清早，妈妈就把小亮从被窝里拉了起来，小亮还没有睡醒，忍不住抱怨："每天早上都起那么早，周末还不能让我多睡会儿啊。"妈妈用手刮了刮小亮的小鼻子："哎哟，真是小懒猪，你忘记了，今天爸爸生日，昨晚你可答应我的，帮忙打扫屋子，然后买菜做饭，做一桌子好吃的等着爸爸回来。"听了妈妈的话，小亮把瞌睡虫都赶走了，眼里满是兴奋，一下子从床上爬起来，一边穿衣服一边唱歌。这时，已走到厨房准备早餐的妈妈大声喊道："亲爱的小亮，穿好衣服顺便把床单、被子整理一下，一会儿妈妈就省事了。"小亮记得妈妈教过的方法，他先在一边把床单、被子拉直，又到另外一边做了同样的动作，看起来床上就显得整齐了。他看了看扔在枕头下面的睡衣，想了想，又把睡衣拿出来折叠整齐，放在旁边的床头柜上。

　　吃了早餐，妈妈和小亮就忙碌了起来，拖地、擦桌子、整理东西。小亮一边擦桌子，一边好奇地问妈妈："平时我看这桌子都不脏，怎么现在看起来全是灰尘？"妈妈一边甩着胳膊，一边说"这就是看不见的垃圾，几乎每周都要来一次大扫除，把这些灰尘"消灭"干净，否则你睡觉的时候，空气里的灰尘、细菌就会钻进你的身体，破坏你的身体。""嗯，妈妈，以后每次大扫除我都要参加，我们把爸爸也拉进来。""可以呀，这样妈妈就轻松了，有了你们的帮忙，我就省事多了。"妈妈也很兴奋。

　　现代社会中，很多孩子都不喜欢做家务。出现这种情况的原因主要有：首先，孩子从小没有树立做家务的意识；认为做家务是家长的事情，没必要帮家长减轻负担，孩子没有树立自己在家里的主人翁意识。其次，孩子没有体会到做家务的乐趣，认为做家务只会让自己更加累，是浪费自己的时间，也没有认识到做家务对自己的重要作用；最后，孩子没有做家务的习惯。家长长时间不让孩子劳动，会让孩子习惯不劳动。

因此，家长应该引导孩子多做家务，可以提高孩子的生活自理能力。通过做家务可以让孩子明白劳动的意义，增强孩子的实践能力。孩子能在生活中处理好自己的事情，在学习的时候就会更加井井有条，懂得如何去分配时间，完成学习任务，提高在学习方面的自觉程度。孩子多做家务还可以缓解学习的压力，提高学习效率，提升学习成绩。

一般而言，当孩子在两三岁的时候，父母就可以慢慢教孩子做一些简单的事情，到 6 岁时，孩子就能基本自理了，再大一点儿就可以帮助父母做一些简单的家务了。"孩子才五六岁，让他做一些家务事合适吗？"有不少父母表达了对孩子做家务事的矛盾心理，既觉得应该从小锻炼孩子，让孩子做些家务活，又觉得孩子还比较小，不知道让孩子做些家务是否合适。其实，教育专家建议，应该从小就培养孩子做家务的意识。父母应该相信孩子会做好，放手让孩子做一些力所能及的家务活，比如帮父母拿衣物、鞋子、小凳子。如果孩子有兴趣，也可以教孩子扫地、擦桌子、叠衣服等，培养孩子爱劳动的好习惯。而且，在做家务的过程中，孩子本身也会感受到乐趣。

综上所述，家长积极引导孩子从做家务中学会自理能力是必要的事情。孩子多做家务，可以引导孩子养成主动解决问题的好习惯，及时解决生活上的问题。孩子在做家务的过程中可以懂得如何去照顾自己，如何关心他人。孩子通过做家务可以更真实地体会家长养育自己的艰辛，从而更加孝顺家长。

下面介绍一些帮助孩子通过做家务来提高自理能力的方法：

1.让孩子学会自我服务

有的父母认为孩子太小了，什么事情都做不了，在这样一种思想的影

响下，他们将孩子的一切事情都包揽了，表面上是爱孩子，其实是害了孩子，因为总有一天孩子要脱离父母的庇护，展开翅膀自由飞翔。所以，父母要有意识地培养孩子独立生活的能力，让孩子知道自己的事情自己做。当孩子还小的时候，父母可以教孩子学会自己穿脱衣服、系鞋带、自己铺床叠被、自己洗脸洗手、自己收拾整理玩具学习用品。在这一过程中，父母要先示范，然后让孩子在父母的指导下练习，直到孩子会做为止。

2. 通过适当的鼓励或奖励让孩子爱上劳动

家长可以通过适当的方式引导孩子多做家务，让孩子养成做家务的习惯。有些孩子直到12岁了都没有做过家务，如果这时家长很突然地要求孩子做家务，孩子可能会不习惯，或者不会做家务。家长可以在孩子做家务的过程中给予孩子适当的鼓励或奖励，让孩子爱上劳动，引导孩子发现其中的乐趣。例如，当孩子洗菜的时候，家长可以问问孩子如何才能把菜"变"干净？让孩子觉得把菜"变"干净的过程是充满乐趣的。在孩子做家务的时候，家长可以给予孩子适当鼓励，让孩子开开心心做家务，并努力做得更好，让孩子在不知不觉中获得能力的提升。

3. 提高孩子的责任感

孩子不愿意做家务很多时候是自己没有做家务的意识，没有认识到做家务对自身发展的好处。家长应该让孩子知道：爸爸妈妈不能永远陪在孩子身边，孩子自己一定要学会独立。家长也要让孩子知道：作为家庭的一分子，爸妈妈有责任照顾孩子，孩子也有责任照顾家长，做家务是孩子照顾家长必要的一部分。树立孩子的主人翁意识，让孩子觉得家里需要他的一份付出，提高孩子的责任意识。

通过旅行，让孩子锻炼出独立的自我

乐乐和怡怡是邻居，两人同岁，是从小一起长大的好朋友。两个孩子的性格相近，爱好也差不多，关系很好。

也许是两家家长的工作性质不同，使得家长们在教育孩子的方式上有很大区别。乐乐的爸爸妈妈是运动员，平时喜欢运动，爱好广泛。因此，他们对孩子的教育方式较为宽松，很少给孩子什么规定，在寒暑假期间常常带着孩子一起去旅游。生活中，也经常带着乐乐去离家不远的地方游玩。怡怡的爸爸是老师，妈妈是个作家，因此怡怡家有一个很大的书房，爸爸妈妈都喜欢看书。平时，怡怡的家长都在家看书，很少出门，怡怡也很少出去玩。

渐渐地，孩子们都长大了。乐乐和怡怡也由小学升到了初中，而且两个人是同班同学。上初中以后，孩子们接触到更多新鲜的人和事，学习任务也变得重起来，在生活和学习上，对孩子的独立能力提出了更高的要求。这时候，两个孩子的差别便显现出来。乐乐的适应能力显然更强，初一时，不仅成绩在班里名列前茅，而且与同学们的关系也很好。乐乐处理事情的能力也让同学们很佩服。在班级选举班委时，同学们一致推选乐乐为班长。可是怡怡的初中生活并不尽如人意。怡怡的学习成绩不理想，而且平时在班里沉默寡言，很少与人沟通，自然也没有什么朋友。

自从上了初中以后，怡怡在爸爸妈妈看来也是一副郁郁寡欢的样子。一开始，家长认为初中的生活需要孩子慢慢适应，过段时间自然好了。可是初一即将结束了，也不见孩子有什么好转，爸爸妈妈心里开始着急起来：该如何培养孩子的独立能力啊？

怡怡的爸爸在了解孩子的情况后，与乐乐的情况进行了对比，觉得旅

行对孩子的独立能力会有很大的帮助。可是现在没有那么多时间带孩子去旅行，妈妈提议可以给孩子讲名人的旅行故事。

于是，爸爸从图书馆买来一些名人旅行的书，例如古代著名的玄奘、徐霞客等。并给孩子讲述他们是如何去旅行，如何克服重重困难到达目的地的，并通过旅行来实现自我价值，提高认识境界的。在讲故事的过程中，家长也会给孩子讲述他们的伟大精神品质，鼓励孩子向他们学习。怡怡也被这些有趣的故事深深吸引着，为他们不屈不挠的伟大品格所折服。在生活中怡怡以那些伟人为榜样，改变了很多，变得更加独立。

很多时候，旅行是到一个全新的环境。面对未知的挑战，孩子可以从家长身上学会很多能力。孩子看着家长如何解决衣食住行的问题，如何与陌生人打交道，如何在一个新环境下面对不一样的环境。孩子可以切身体会旅行的意义，学会很多新能力，这是孩子很宝贵的经历。在旅行中，孩子可以减少对家长的依赖，旅行的环境对全家人都是一个新的环境，需要每一个人去适应。通过旅行，可以让孩子更快更好地走向独立。

从上述案例中两个孩子的表现可以看出来，独立能力对孩子的健康成长是非常重要的。独立能力强的孩子可以较快地适应环境并发挥自己的能力，独立能力不强的孩子往往感到很多事情不顺遂己意，自信心也会受到很大伤害。家长对孩子不同的教育方式，对孩子后天性格的影响也是很大的。乐乐的爸爸妈妈经常带着他旅行，无意中增强了孩子的独立能力。

有些家长可能会觉得：我经常带孩子出去玩啊，有时候去公园，有时候去郊游。其实，这些外出活动只能说是旅游，旅行和旅游是不同的。旅行是观察身边的景色和事物，行万里路，读万卷书。旅行可以使孩子锻炼身体、开阔视野、增加见识，让孩子在不断遇到新风景、解决新问题的过程中逐步培养自己的独立能力。

在关于家长如何帮助孩子在旅行中走向独立方面，这里有以下建议供家长参考。

1. 给孩子讲名人故事

在古今中外的历史中，关于名人在旅行中一步步学会独立并实现自我价值的例子数不胜数，家长可以给孩子讲述关于名人旅行的故事。

在生活中，很多家长可能因为种种条件的限制无法带孩子去旅行。其实，给孩子讲述名人旅行故事也是一个很好的办法。这样不仅可以为孩子树立榜样，而且可以让孩子接受正确价值观的熏陶，培养孩子吃苦耐劳的精神。

2. 带孩子到离家比较近的地方游玩

俗话说："读万卷书，不如行万里路。"家长可以多带孩子在离家比较近的地方游玩，这样不仅不会花费家长和孩子太多的时间和精力，而且可以让孩子逐步培养独立意识。

家长带孩子在离家比较近的地方游玩，可以让孩子对一个地方进行深入了解，可以更加全面地锻炼孩子的能力。比如在自己家附近的公园里，家长可以在这个地方教孩子如何判断地形、搭建帐篷、利用星空识别基本天气情况等。让孩子在相对熟悉的环境中学会旅行的技能，一步步走向独立。

3. 鼓励孩子写旅行日记

在孩子旅行的过程中，家长可以鼓励孩子养成写日记的习惯。让孩子把旅行的经历、得失、感受等记录下来。这样，孩子可以更加深入地思考旅行意义，而不是走马观花地参观一个地方，没有什么收获，再去下一个目的地。通过旅行日记，可以让孩子学会总结经验，把经历转化为自己的实际知识。家长也可以鼓励孩子说出自己旅行的感受，并把感受与其他小朋友分享。分享的过程也是锻炼孩子的交际能力与表达能力的过程。

孩子写旅行日记既是对生活的一种记录，也是知识的积累。写日记的过程可以让孩子深化记忆，主动思考更多与旅行有关的事情。

温暖的家

教育不是拔苗助长

父母有颗童心

第十章

良好的家庭环境，
是孩子成长最好的温床

温暖的家，是滋养孩子心灵最好的土壤

"现在我宣布，我们来举手表决，同意去公园的请举手！"

妈妈举起了手。

"好，现在同意去爷爷家的请举手。"

爸爸一下子把手举得高高的。

他们这是在干吗呢？原来这是津津家的家庭会议，在决定这个周末要去哪里过。由于家人意见不统一，于是决定在"家庭会议"上来举手表决。

津津家就是这样，总是充满着欢乐和笑声。

津津的爸爸妈妈总是尽力给孩子一个宽松民主的家庭氛围。他们不会逼着孩子学习各种特长或者往返于许多补习班之间，对于学习的事一直是由孩子做主，津津爸爸常说："我是给孩子帮忙解决她不能解决的问题的，而不是给孩子制造问题的。她自己应该学着当一个有主见的人。"

津津家还有一个约定，就是不许吵架。任何事都要协商解决，要用民主的方式，也就是通过"家庭会议"来举手表决。津津在这样的环境下，人也很随和开朗，从来都不和别人吵架，也不任性。正因为这样，小伙伴们都喜欢和她玩。

为了给孩子一个良好的家庭环境，她的爸爸妈妈可谓是想尽一切办法。大人难免都会遇到烦心事，但是爸爸妈妈从来都不会当着孩子的面吵架。如果真的闹矛盾，就把孩子送到爷爷家住两天，和亲戚的孩子一起，让虽为独生子女的津津却没有一点儿独生子女的骄纵和自私，反而像个小大人一样照顾着小弟弟小妹妹们。这样的性格对孩子处理人际关系是非常有帮助的，在班上，津津就是一个乐于助人、容易相处的学生，作为班长的她，也是品学兼优。

津津也是一个非常懂事的孩子，她常常说长大以后对爸爸妈妈要像爸妈对爷爷奶奶那样好。爸爸妈妈确实是孩子的好榜样。在这样温馨和睦的家庭中，津津一天天快乐地成长。

　　在快乐的家庭环境中成长起来的孩子，由于受这种轻松愉快的环境的良好熏陶，性格会更加开朗，更加积极阳光，而且会更加容易地感受到生活中的幸福与美好，在和别人交往的过程中也会更加容易地和别人相处。由于有快乐的家庭生活环境，孩子得到的关爱和肯定更多一些，所以孩子也就更加有自信，更加乐观。反之，如果孩子生活在一个充满争吵、冷漠，或者嘈杂的、缺乏关爱的生活环境里，孩子缺乏必要的关爱和安全感，性格也就会变得封闭、孤僻，对别人也会冷漠。家庭是怎样对待孩子的，孩子长大后自然就会怎样对待他人和社会。一个不快乐的家庭环境中出来的孩子是缺乏自信的，对生活充满了悲观。有的家长在对待孩子时不顾及说话的方式，说话不假思索，态度也毫不掩饰，甚至有时候会把自己的不如意迁怒到孩子身上。这些家长的态度给年幼的孩子留下了不好的影响，甚至给孩子的内心留下了阴影。这些情绪如果得不到家长的重视，长期堆积在孩子心里，对孩子的成长是极为不利的。

　　家庭环境的主要营造者是家长，家长的关系在家庭氛围中是主要的影响因素。要想给孩子一个快乐的家庭环境，家长之间的关系首先要融洽，这样才可以给孩子更多的关爱。要想孩子成为一个阳光开朗的人，就要让孩子感受到温暖和关爱，感受来自周围环境的关爱。而在家庭中能给孩子这种关爱的就是家长的爱情，家长关系的和谐与否直接关系到孩子成长的心理状态。有的家长总是习惯用争吵来解决问题，孩子就在这样的"战争"中成长，在担心"战争"会爆发的忧虑中生活，结果给孩子的身心造成伤害，使孩子在忧虑中变得怯懦、退缩和封闭，或者使孩子走入另一个极端：像家长一样，用争吵或暴力来解决问题，这样下去，对孩子来说是危险的，

会使孩子性格暴躁、容易发脾气，难以控制自己的情绪，变得情绪化；还会使孩子容易变成一个有暴力倾向或有性格缺陷的人，对孩子的人际交往是十分不利的。

除了与家长的关系外，亲人之间的关系也是家庭环境的重要组成部分。家庭环境不仅仅包括与家长的"小家"，还有与亲人之间的关系，与邻里相处，甚至包括自己周围的小环境。亲人的和睦对于每个人来说都是非常需要的。父慈子孝，兄友弟恭，这种非常融洽的家庭环境会让人变得温和亲近。古语有云："老吾老以及人之老，幼吾幼以及人之幼。"被这样温馨的家庭环境熏陶着，孩子也会变得更加友善，和人交往的时候自然会受到这样的良好影响。家长要给孩子起到示范作用，孝顺老人，关爱孩子，亲人之间相互帮助、互敬互爱，孩子自然也会接受"孝"这一课，孝顺家长的观念自然就潜移默化地影响到孩子了。

俗话说："远亲不如近邻。"尤其在现代钢筋水泥的"围城"里，邻里之间的关系也并不是很亲近，容易给孩子造成一种陌生的生活环境。邻里之间的关系如果有可能还是有必要搞好，让孩子的家庭环境能够有延伸，同时延伸的还有给孩子的快乐的环境。更重要的是让孩子学会关爱别人，也能体验到更多的关爱。这对帮助孩子塑造健康心理是有好处的。

一个快乐的家庭环境应该是民主的、开放的，这样的家庭里，家长不是包办一切的主宰，也不是以命令式的口吻来要求孩子按照家长的意愿来做事。快乐的家庭应该是孩子可以说出自己的想法，家长也会尊重孩子、理解孩子，即使有不对的地方，也是指导孩子改正。在这种平等的家庭关系中成长起来的孩子，思维会更加灵活，更富有创造性。生活在这种环境中的孩子对幸福会有更加深刻的体会，也更能理解别人的感受，在和别人相处的过程中，会把这种平等的观念深入其中，在人际关系的处理中更加游刃有余。

父母若是离婚，将给孩子带来很大伤害

爸爸妈妈离婚给果果带来的伤害很大，年幼的她面对法官的提问"选择和爸爸一起生活，还是选择和妈妈一起生活"，还没有回答呢，就为难地以泪眼看着爸爸妈妈，最终"哇"一声哭出来。看着这一幕，妈妈也心酸落泪，但是她不想把果果给爸爸，因为她不想让果果和后妈在一起。那一刻，妈妈很想放手，不想让孩子面对如此残忍的选择，但是她咬牙坚持着，暗自决定等到一切事情过去就会好好地弥补果果。

最终，果果选择和妈妈在一起，她说："我想要爸爸，也想要妈妈。如果一定要让我选，我选择和妈妈在一起，因为我不想让妈妈一个人太孤单，爸爸还有阿姨和小弟弟呢！"就这样，果果和妈妈一起生活，但是妈妈明显感觉到果果变得不快乐。以前的果果特别爱笑，不管做什么事情都始终笑眯眯的，充满乐趣，但是如今的她却常常沉默，也会盯着书桌上摆着的爸爸的照片发呆，失神。每当这时，妈妈就恨透了前夫，就是因为他婚内出轨，薄情寡义，才导致孩子这么痛苦。有的时候，妈妈也会在果果面前诅咒爸爸，果果的眼神马上就会黯淡下来，可惜妈妈没有注意到。有一天夜里，果果突然发烧，妈妈一边背着果果朝着医院走去，一边诅咒那个男人。果果忍不住哭起来，对妈妈说："妈妈，不要再骂爸爸了。如果你觉得我是累赘，我就跟着爸爸也行。我会让着后妈，不会和后妈吵架的，你放心吧。"听到果果这句话，妈妈猛然醒悟：这么多次，我残忍地当着果果的面诅咒她的爸爸，都像是在她的心上插上一把刀啊！妈妈赶紧安抚果果："果果，妈妈爱你，怎么会觉得你累赘呢！妈妈保证，以后再也不骂爸爸，咱们娘俩好好过，好吗？"懂事的果果

擦掉眼泪，要求下来自己走，她知道妈妈已经很累了。

父母离婚，尤其是还因为各种不可协调的矛盾而对簿公堂，必然会给孩子造成很大的伤害。记得在古时候，有两个农妇争夺孩子，谁也不愿意撒手，眼见着尚且在襁褓之中的婴儿吓得哇哇大哭，负责判案的县官居然说："你们俩抢夺吧，谁的力气大，抢到孩子，谁就是孩子的亲妈。"有个农妇力大如牛，当即使劲抢夺婴儿，而另一个农妇则哭着放开了婴儿。这个时候，县官说："把孩子交给那个妇人，她的力气不是没有你大，而是因为她是孩子的亲生母亲，所以她不忍心抢夺孩子，她怕伤害了孩子。"这样的审判让人们心服口服。在上述事例中，面对着不愿意放弃抚养权的爸爸和妈妈，果果没有这样的好运气，只好在法庭上艰难作出选择。

不得不说，妈妈虽然是为了果果好，但是却没有从感情上更好地照顾果果。如愿以偿得到果果的抚养权之后，她总是当着果果的面抱怨她的爸爸，咒骂她的爸爸，可想而知果果还小，对于感情根本没有明确概念，为此她心中对爸爸只有不舍，而没有怨恨。妈妈这样的做法更加重了婚姻破裂给果果带来的伤害，让果果觉得很难接受，无法面对。幸好果果说出了自己的心声，让妈妈及时意识到自己的问题，也可以及时改正。

婚姻的破裂，对于孩子的伤害是最大的，因为没有感情的夫妻谁离开谁都会过得不错，唯独孩子，不管是选择和爸爸一起生活，还是选择和妈妈一起生活，都会失去自己挚爱的另一方。所以对于孩子而言，婚姻破裂的伤害是最大的。作为父母，不管因为什么原因选择分开，如果没有孩子当然可以随心所欲，但是如果有了孩子，就要首先考虑如何把对孩子的伤害降至最低，本着对孩子负责的态度选择最适宜的方式解决问题。

要想减轻离异对孩子的严重影响，除了要在办理离婚手续的过程中尽量和平解决问题之外，还要处理好孩子与对方的相处问题。有些夫妻离异之后彼此憎恶，为此禁止孩子与对方见面，殊不知，这是不被法律允许的，也是剥夺了孩子理应拥有的父爱或者母爱。只有父母和平分手，分手之后也能针对关于孩子的问题友好协商，才能处理好关于孩子的抚养问题，也才能把对孩子的伤害降到最低。

我该怎么办？

教育要有耐心，急功近利只会拔苗助长

"砰——"房门狠狠地摔回去之后，一个人影气呼呼地消失在了卧室里。

"得，今天又不知道是哪根筋不对了。"爸爸已经对毛毛的这种行为习以为常了。

"他经常这样，是发什么疯。"妈妈对毛毛可没有那么好的脾气。"你说我都说了多少次，他怎么是这样一个孩子。屡教不改，说了都不长记性。"毛毛的脾气开始越来越不好，爸爸妈妈总觉得是小时候对他太过宠溺，以至于他现在动不动就和别人发生矛盾。而妈妈对他的管教也开始变得严厉。

"你看看，这距离他上次发脾气才多久？他今天又闹成了这样。我都说了多少次了，他还是老样子。"妈妈生气极了。

"妈，我饿了！"毛毛一副气急败坏的样子走了出来，凶巴巴地对着客厅里的妈妈说。

"饿了，你自己去吃啊，跟我说什么。你看看你现在的样子，整天好像谁欠了你多少钱一样！"妈妈听着毛毛态度不好，不由更加生气了。

"你说说你，整天这样像什么样子！跟你说了多少遍了，不要在外面和别人发生冲突，对家长说话要有个说话的样子。唉，你看看你，站没站样，坐没坐样，要跟你说多少次才能记住。唉，你看看，我说过吃饭不要那么大声。你说我说话你能记住多少……真是的，简直太不像话了！"妈妈看着毛毛似理非理的样子，一口气数落了半天。

"妈，你这些话我都快听得耳朵起茧子了。你看看你，这些天说了多少次了，我不想再听了。"毛毛听着妈妈千篇一律的话，也开始发脾气，"你这两天是怎么了，嫌弃我这个嫌弃我那个。我这么多年都是这么站这么坐这么吃饭的，一时改不过来，行了吧。"

"你看看你，自己有错还有理了是吧？真是气死我了！"妈妈气呼呼地看着毛毛，抬手想打结果被爸爸拦住了。

　　"你这是干什么。他说得对，这么久已经习惯了，你要让他改还得给他点时间吧！"爸爸对气呼呼的妈妈说。

　　上述案例中的毛毛从小被家长宠溺。当发现孩子的脾气开始越来越暴躁时，妈妈想对孩子进行教育，帮助孩子改正习惯，但是妈妈的方式又操之过急，因此导致了家庭矛盾升级、亲子关系恶化。俗话说："冰冻三尺，非一日之寒。"习惯的养成不是一天两天，要想改正也不是一两天可以做到的。教育是一件非常考验耐心的事，对孩子和家长都是一种考验。家长要想在对孩子的情商教育中取得立竿见影的效果，是非常困难的，也是不现实的。急功近利的教育会给孩子和家长施加很大的压力，同时会让家长和孩子的情绪变得急躁，对亲子关系影响很大。家长的急切映射出的是对孩子的不满意，这会让孩子对自己失去信心，对孩子是非常不利的，而且对孩子的学习和生活各方面都会产生负面影响。十年树木，百年树人。教育工作并非一朝一夕可以完成，要在生活中不断经历才能不断学习，才会取得进步。所以，家长对孩子进行教育时，不能操之过急。这里有几点建议供各位家长参考，希望对家长们有所帮助。

1，家长要有耐心

　　克制自己的急躁，耐心对待身边的人和事，这也是教育的重要组成部分。如果家长经常对孩子发脾气、显得急躁，这种不良情绪对孩子也是非常大的影响，会给孩子一个不好的示范。作为家长，一定要有高情商的表现，首先要对孩子有耐心，这样也会让孩子在轻松愉快的氛围中进行学习。比如在面对孩子经常犯的错误面前，家长不要不容分辩就对孩子进行批评和否定，让孩子觉得自己很差劲。家长处理问题的方式对孩子有很大影响，孩子不知不觉中会模仿家长处理问题的方式。这样一来，家长非但没有提高孩子的情商，反而给孩子树立

了反面榜样。所以，要想教育孩子，家长自己首先一定要有耐心。

2. 家长要给孩子改正错误的机会

古语有云："人非圣贤，孰能无过。"孩子更是如此。每个人都在犯错中不断学习、积累经验，这样才能取得进步。家长在面对孩子的错误时，不要不问青红皂白便大发雷霆。家长要明白，孩子犯错是正常的，即使在同一个地方上跌倒两次也是情有可原。孩子犯错时，家长要引导孩子认识到错误并能够改正错误，让孩子在错误中学会总结经验、不断进步。这个过程不是一两天就可以完成的，家长不能操之过急。错误让人成长，家长要允许孩子犯错。其实，犯错并不是一件坏事，因为错误暴露出孩子情商中存在的问题，为家长的教育指明了方向。因此，家长要正确看待孩子的错误。

3. 家长要做好打持久战的心理准备

孩子在不同年龄、不同时期面临的问题不同，需要的智慧也不同。比如婴幼儿时期，要提高孩子的辨别能力、行动能力；儿童时期，需要孩子懂得文明礼貌，提高孩子的生活自理能力及简单的是非分辨能力；青少年时期，则需要对孩子的情绪控制和管理能力进行培养，教孩子学会坚强、认真等品质，为孩子未来的学习生活打下良好的基础。其他方面包括人际关系的培养，教孩子学会和不同的人的相处之道，包括与朋友、与家人、与同学相处，直到孩子长大成人与同事、与恋人相处等，都需要家长对孩子进行培养。因此，教育不是一个短期任务，而是一个非常艰巨的持久战，每一个环节都不可略去，也不能操之过急。所以，作为家长要有心理准备，用耐心、信心和正确的方式对孩子的情商进行培养，让孩子成为一个有用之人，在未来的社会竞争中能够游刃有余，轻松应对学习和生活。

学会蹲下来，站在孩子的角度看待问题

丽丽放学回家后，向妈妈抱怨道："今天老师当着全班同学的面批评我，弄得我下不来台"。妈妈立即质问道："你是做了什么错事惹老师生气了？"丽丽说："我什么都没干，老师借题发挥。"妈妈用不信任的口气说："你就会找借口。"丽丽不开心地瞪了妈妈一眼。妈妈继续追问："那你是怎么想的，又打算做些什么呢？"丽丽噘着嘴提高音量说了句："什么也不想，什么也不做。"妈妈意识到两人这样针锋相对地交谈下去，非但解决不了问题，还会引发矛盾，于是决定放下家长的架子，以同学或是朋友的身份与丽丽交谈。她用温和而友好的语气说："老师当着全班同学的面批评你，我想你当时一定感到很委屈，又很没面子，是吧。"丽丽的态度发生了转变，她抬头看了妈妈一眼，眼中的怒气已经平息了不少。接着妈妈又说道："其实，妈妈小时候也遭遇过类似的事情。记得上小学四年级的时候，我参加期末考试，结果进了考场，发现自己忘记带铅笔了。我很害怕，赶快起身向旁边的同学借，谁知老师以为我要作弊，当场就对我进行了批评教育。当时，考场上那么多同学都看着我，或许也认为我是个作弊的坏孩子，弄得我既尴尬又气愤，都没有心情答题了。"丽丽听得津津有味，好像忘记了自己不快，她对妈妈说道："其实我也是想跟同学借块橡皮用，总不能在本上乱涂乱改啊，可是老师偏偏认为我是错的，还批评我，真是不公平。"妈妈附和道："这确实不公平，那么为了避免再次被老师误解，我们是不是应该想想别的办法？"丽丽和妈妈交谈得很愉快，心情大好，她开心地说："很简单啊，那我多准备一块橡皮不就好了！"妈妈点点丽丽的额头，笑着说道："你真是个小机灵鬼。"

每一个孩子都有一个自己的世界，每一个孩子都是一个独立的天才，家长不能小觑了这些孩子。所以家长常抱着敬畏的心情与孩子们交流沟通

和体验生活。无论是作为家长和老师，不得不承认孩子在一天天慢慢长大，思想在一天天复杂。孩子自有孩子自己的世界和想法，也许在家长的眼里他们总是孩子，但家长如果有足够的细心和观察力，肯定就会发现，孩子在不知不觉中思考着许多家长认为他们毫不知情的事情。当然也许会是因为年龄和人生阅历的关系，孩子所知也许只是一些表面的，肤浅的。但是孩子开始独立学习细心思考，不管思考的结果如何，孩子毕竟是动脑子想了，得肯定这一点。如果家长能够走进孩子的心灵世界，明白孩子的所思所想，家长便可以适时地加以正确疏导，引导他们少走弯路。在孩子增长文化知识的同时，帮助他们学会做人做事，渐渐变得成熟起来。

那么，父母如何去走入孩子的内心呢？

1. 理解和融入

走进孩子的心灵世界不是想象的那么简单，孩子会在家里的白墙上随意涂鸦，孩子会因为玩水弄得浑身湿透，满地是水……孩子会在墙上画出认为最有创意的图案——尽管在家长眼里是破坏！家长要想成为孩子的知心朋友，不能以家长的身份去压制孩子，要让孩子在一个相对平等、宽松的环境中健康成长！孩子的心是最纯净的，也是最宝贵的，家长能做的只有去理解和融入它！

2. 从小给予更多陪伴

在家长的眼里孩子是一本厚厚的书，从童年到少年，从少年到青年时代，家长都在慢慢地一页页往后翻，但要真正读懂孩子却并不容易。父母们如此总结：随着时间的推移，孩子年龄的增长，我们越来越不了解自己的孩子了。年幼时小孩的言行总是被家长指挥着，所以孩子真正的内心感受家长们又如何能懂呢？随着孩子年龄的增长，家长和孩子距离也渐行渐远，代沟也拉越大，进而导致孩子接受不到正确的思想和经验，这样的家庭教育是失败的。但家长要是从起初就能陪伴孩子一起成长，站在孩子的立场上想问题，和孩子在一起的时候就保持一颗童心，那么，随着时间的推移，家长就会真正走进孩子的内心世界。成功的家庭教育也不会与你失之交臂了。

3. 保持一颗童心

孩子就是人性最本真的代言人，能够准确理解和把握人性的家长，往往拥有正确的家庭教育观。然而，家长们常常以为人成熟而自居，看待孩子时总是用成人的眼光，他们认为孩子的行为简直是幼稚之极。殊不知，对待孩子报以这样的眼光，只会让自己和孩子渐行渐远，更何谈真正走进孩子的内心世界·。对待孩子家长一定要保持一颗童心，这也是和孩子沟通的重要前提。在现实生活中，家长一定要给孩子多一分的理解和宽容，学会站在孩子的角度去思考问题，减少对孩子的严厉苛责，这样才有助于搭建亲子之间的感情桥梁，为孩子营造一个良好的成长氛围。当家长们到达这种境界时，孩子内心世界的大门才会真正为你敞开，孩子才会真正认可你这位心灵导师，这样你才能帮助孩子健康快乐地成长。

4. 蹲下时，保持与孩子同等的高度

下蹲和孩子保持同等的高度，不单单要求家长要做到表面上的平等，实质上这是暗示家长要在心理上和孩子保持同等的位置，家长能这么做，才能真正做到用平等的态度去和孩子交流。因为只有在心理上和孩子保持平等，孩子才会将自己的心扉向家长敞开。

蹲下来，这一步非常关键，因为不管孩子的想法正确或者不正确、有无道理，只有从生理上和心理上都能蹲下来和孩子说话，进入孩子的世界感受孩子，家长和孩子之间才能更好地沟通，才能建立家长与孩子间更亲密的关系，只有在了解了孩子的真实想法之后，才可能有的放矢地教育孩子。

引导孩子，步入健康的生活方式

洋洋是家里唯一的孩子，深受长辈们的喜爱，过着"衣来伸手，饭来张口"的幸福生活。洋洋妈妈原以为随着孩子年龄的增长，那些不良的生活习惯会逐渐改掉。可没承想，直到洋洋上了小学，这些不良的生活习惯依旧如影随形：挑食、不按时吃饭、喜欢吃肯德基；不爱锻炼身体、吃饱就睡，导致严重肥胖；爱看电视、爱玩手机，因此年纪轻轻就戴着一副近五百度的眼镜；喜欢名牌、花钱大手大脚，不懂得爱惜东西等。

对于洋洋的这一系列坏习惯，洋洋妈妈可是愁坏了。

这一天，老师布置了一项作业，要求写一篇关于"低碳生活"的作文。洋洋写得非常好，受到了老师的表扬。当孩子拿着老师表扬自己的批语让妈妈看时，洋洋妈妈意识到机会来了。于是，她说："作文写得这么好，现实中你做到了么？明显是说得到做不到。"洋洋被妈妈说得哑口无言。俗语说："不蒸馒头，争口气。"为了给自己争口气，洋洋决定说到做到。孩子的意志力还是很坚定的，自从开始"低碳生活"后，洋洋整个人都变了：不再吃快餐，不再出门就打车，不再看电视和手机，也开始锻炼身体了，学着勤俭……

洋洋的改变很快就得到了回报。孩子的体重逐渐下降，回到了正常体重，人也显得精神了，不再稍微运动一下就满身大汗。看着身轻如燕、活泼开朗的洋洋，妈妈开心地笑了。

健康是人生的第一财富。对任何人来说，健康永远都是第一位的，没有了健康，就意味着失去了一切。不重视健康的人，就是在与自己的生命开玩笑。

在事例中，洋洋妈妈巧妙地说服洋洋选择了健康的生活方式，这种引导孩子的方式值得家长们学习与借鉴。作为家长，没有什么比孩子的健康更重要的事情了。为了能让孩子拥有健康，我们必须要引导孩子选择健康的生活方式。

那么，什么是健康的生活方式呢？

答案是有益身体、心灵健康的生活。例如，不喝酒，不抽烟，不熬夜，不乱发脾气，等等。健康的生活方式不仅对孩子的身体有益，同时还能加快孩子成功、成长的步伐。

那怎样引导孩子选择健康的生活方式呢？

1. 健康、良好的家庭环境

家庭环境能影响孩子的一生。引导孩子选择健康的生活方式，必须要帮助孩子养成良好的性格。研究表明，健康和谐的家庭培养出来的孩子，心理健康、性格良好的几率普遍较高。作为家长，为孩子提供一个健康、温馨的家庭环境是其应尽的义务。

2. 帮助孩子树立正确的价值观

人生价值观直接影响到孩子的道德操守、行为举止。因此，引导孩子选择健康的生活方式与孩子的价值观密切相关。孩子的价值观取向直接决定了孩子今后的人生走向。价值观正确，孩子必然能走上光明大道；相反，价值观有误，孩子未来的道路一定会充满坎坷，甚至有可能走上犯罪之路。因此，树立正确的道德观，家长必须要正确监督、引导，丝毫不能马虎。

3. 父母以身作则，选择健康的生活方式

有的父母一边要求孩子选择健康的生活方式，一边自己过着纸醉金迷的生活，如赌博、酗酒，甚至经常做一些违背道德、法律的事情。这样的父母是不可能培养出有健康生活方式的孩子的。因为耳濡目染，孩子从小就在模仿父母的行为中成长，怎么可能不受父母言行举止的影响呢？

4. "勿以恶小而为之"，"千里之堤溃于蚁穴"

不要因为孩子年龄小，做了一些小坏事，影响不是很大，父母就选择宽容与放纵。没有人天生就是罪犯，所有的犯罪分子在第一次做恶事时都会紧张得几天都睡不着觉。但他们从小恶开始逐渐积累，最后越来越麻痹，成了十恶不赦的恶人。因此，发现孩子做了坏事，父母应及时制止，并严厉教育，让孩子彻底远离不健康的生活。